Psicodrama e Psicoterapia

Dados Internacionais de Catalogação na Publicação (CIP)
(Câmara Brasileira do Livro, SP, Brasil)

Soeiro, Alfredo Correia, 1937-
 Psicodrama e psicoterapia / Alfredo Correia Soeiro com a colaboração de Carlos Alberto Saad. — 2. ed. rev. e ampl. — São Paulo : Ágora, 1995.

Bibliografia.
ISBN 85-7183-470-9

1. Psicodrama 2. Psicoterapia 3. Psicoterapia de grupo I. Saad, Carlos Alberto.

94-3976

CDD-616.8915
616.891
NLM-WM 420
WM 430

Índices para catálogo sistemático:
1. Psicodrama : Medicina 616.8915
2. Psicoterapia : Medicina 616.891
3. Psicoterapia de grupo : Medicina 616.8915

Psicodrama e Psicoterapia

Alfredo Correia Soeiro
com a colaboração de Carlos Alberto Saad

ÁGORA

Copyright © 1976, 1995 by Alfredo Correia Soeiro

Nenhuma parte desta publicação poderá ser reproduzida, guardada, pelo sistema "retrieval" ou transmitida de qualquer modo ou por qualquer meio, seja eletrônico, mecânico, de fotocópia, de gravação ou outros, sem a prévia autorização por escrito da Editora.

Capa: Paulo Morato

Desenhos: Bal Moura

EDITORA AFILIADA

Todos os direitos reservados pela

Editora Ágora LTDA.
Caixa Postal 62.564
01295-970 — São Paulo, SP

AGRADECIMENTOS

Embora seja o nome do autor aquele que aparece na capa de um livro, existe um grande número de pessoas cuja participação e colaboração ativa é vital para que a obra alcance um grau de amadurecimento necessário à sua publicação.

Por esta razão queremos expressar os nossos agradecimentos àqueles que colaboraram diretamente na elaboração das idéias aqui desenvolvidas:

> Hugo Aron Abovsky,
> Iedo Roberto Borges,
> Agenor Spallini Ferraz,
> Regina Manopelli Moura,
> Carlos Alberto Saad.

Aos alunos da Associação Campineira de Psicodrama e do Instituto de Psicodrama de Ribeirão Preto pela retroalimentação durante o desenvolvimento da obra.

Ao engenheiro Francisco Oliveira Dias, pela assessoria técnica aos conceitos de computação citados no presente livro.

SUMÁRIO

Nota do Autor 9
Prólogo 11
Introdução 17

Capítulo I
BREVE HISTÓRIA DO PSICODRAMA

1. A descoberta de Moreno 19
2. A obra de Moreno 21
3. A obra de Bermúdez 25
   Esquema de papéis 25
   Núcleo do Eu 27
   Psicopatologia 28

Capítulo II
BASES FISIOLÓGICAS DA ATIVIDADE PSÍQUICA

1. Cérebro e computador 31
2. Os mecanismos cerebrais no processo de aprendizado e desenvolvimento 35
3. O papel da ação na atividade psíquica 39
4. Tipologia e patologia 47
5. Psicoterapia da ação — psicodrama 50

Capítulo III
DISTRIBUIÇÃO BIOENERGÉTICA E PSICOPATOLOGIA

1. Conceito de neurose e psicopatia 57
2. Conceito de ansiedade e depressão 62
3. Psicose maníaco-depressiva 64

4. Esquizofrenia 65
5. Psicodrama e sintomas psicossomáticos 68

Capítulo IV
MANEJO DAS TIPOLOGIAS E PATOLOGIAS

1. Manejo da tipologia e patologia histérica 72
2. Manejo da tipologia e patologia obsessiva-compulsiva 74
3. Manejo da tipologia e patologia paranóide 78
4. Manejo de tipologia e patologia depressiva 80
5. Psicoses e manejo psicodramático 82

Capítulo V
PSICODRAMAS ESPECIAIS

1. Psicodrama infantil 89
2. Psicodrama com adolescentes 92
3. Psicodrama com adultos 95
4. Psicodrama dos quarenta e cinco aos sessenta e cinco anos 97
5. Psicodrama diagnóstico e psicodrama individual 99
6. Psicodrama de casal 100
7. Psicodrama familiar (sociodrama familiar) 104
8. Sociodrama 107
9. Treinamento de papel (*Role-playing*) 110
10. Psicodrama público 112

Capítulo VI
TÉCNICAS AUXILIARES

1. Treinamento sensorial 115
2. Jogos dramáticos 118
3. Psicodança 121
4. Expressão corporal 123

APÊNDICE

I — A SALA DE PSICODRAMA 129
II — OBJETO PAPEL E PAPEL OBJETO 135
   A criança e os objetos, 135; Papel objeto e si mesmo, 136; Objeto Papel e Núcleo do Eu, 137; Papel objeto e Objeto Papel — patologia, 138; Papel objeto e Objeto Papel — terapia, 139; Conclusão, 139.
III — A ÉTICA DO PSICODRAMA 141
   1. Introdução, 141; 2. Material e método, 142; 3. Apresentação, 145; Conclusão, 154.

REFERÊNCIAS BIBLIOGRÁFICAS 157

NOTA DO AUTOR

É motivo de satisfação a reedição deste nosso trabalho pela Editora Ágora, que tanto serviço tem prestado à difusão das obras de Psicodrama em nosso meio. Nossos mais sinceros agradecimentos a esta Editora e ao Dr. José Fonseca Filho que nos possibilitou os contactos necessários para esta reedição.

Com o intuito de aperfeiçoarmos o texto revisamos todo o livro e fizemos algumas modificações sem distorcer o trabalho original.

Como este livro procura fundamentar e fortalecer os conceitos do Psicodrama resolvemos introduzir o texto do Dr. Carlos Alberto Saad denominado "A Ética do Psicodrama", que foi apresentado no Primeiro Encontro Luso-Brasileiro de Psicodrama realizado em Cascais, em maio de 1994. Este trabalho tem uma importância extraordinária por mostrar a obra de Moreno como uma *escola* e não como apenas um conjunto de técnicas interessantes para a prática psicoterápica. Agradecemos a gentileza do Dr. Carlos Alberto Saad por nos ter autorizado a publicação deste seu trabalho, importante para todo o movimento psicodramático.

Em relação à edição original, retiramos o capítulo VII por julgarmos que o trabalho do Dr. Saad preenche de forma mais completa as questões levantadas no citado capítulo.

PRÓLOGO

"Apesar do fato de que todos os sistemas culturais regulam e modelam a conduta em formas radicalmente diferentes, o certo é que suas raízes profundas têm que se buscar na biologia e na fisiologia."

EDWARD T. HALL

É para mim motivo de orgulho e satisfação prologar o livro de um dos alunos mais destacados que tive no Brasil. O Dr. Alfredo Correia Soeiro é um dos seis primeiros psicodramatistas formados no Grupo de Estudos de Psicodrama de São Paulo, graduado sob minha direção e dentro do marco da Associação Argentina de Psicodrama e Psicoterapia de Grupo.

Por estas circunstâncias, sua produção científica adquire um especial valor, pois, nela estarão contidas muitas das idéias transmitidas e sua ulterior elaboração. Assim mesmo, para nós que estivemos longos anos em contato direto, seguido de outros tantos anos de separação, depararmos com idéias novas e colocações teóricas diferentes ou elaboradas com outro enfoque é reconfortante e prazeroso.

O presente livro tem implicitamente duas partes: uma psicodramática que o fundamenta e outra neurofisiológica que corresponde à contribuição teórica, pessoal do autor.

Na primeira, a psicodramática, os temas tratados assim como os autores, assinalam indiretamente uma história evolutiva do pensamento psicodramático e a incidência que tiveram sobre o autor. Na segunda parte, Soeiro toma ao leitor pela mão, e o faz percorrer os labirintos do sistema nervoso, fazendo-o reconhecer primeiro através de um modelo cibernético, logo pavloviano, para desembocar finalmente na Teoria do Núcleo do Eu. Nesta última, apresenta as modificações introduzidas por ele e a influência que elas trazem com respeito às tipologias e patologias. É nesta segunda parte que se apreciam as originais contribuições de Soeiro para a compreensão das enfermidades mentais. Dentro delas cabe ressaltar as referentes à ação e ao ritmo.

Isto quanto à visão panorâmica da obra.

Agora, particularizando, há diferentes itens dignos de consideração. Um deles, já mencionado, é o referente à evolução histórica do pensamento psicodramático. Numa época em que o psicologismo invadiu todos os campos e o pensamento linear, verbal, guia enquadramentos e teorizações, o aparecimento de um trabalho que retorna à neurofisiologia, é uma novidade digna de se levar em consideração, pois, está expressando a necessidade de se retornar à sabedoria biológica, que limita e oferece modelos certos, tal como há muito tempo já o haviam entendido biônicos e cibernetistas. Que isso ocorra dentro do enfoque psicodramático, tampouco é casual, já que a integração do corpo à atividade psicoterapêutica, fatalmente leva ao questionamento de suas estruturas. Quanto melhor e com maior amplitude se conheça o corpo e seu funcionamento, mais realista e menos fantástica se fará a Psicologia. A falta e o distanciamento dos pontos de referência biológicos, que obrigam ao investigador e ao teórico a verificar seu modelo teórico com o modelo biológico, conduzem com bastante freqüência a esquemas teóricos gratificantes para o intelecto, mas totalmente distanciados da realidade.

Outro item para se pensar profundamente é o de considerar o cérebro como computador eletrônico e, em particular, como programador. Em referência a isto desejo introduzir mais um enfoque, com a intenção de que este complemento contribua para estimular nos leitores seu interesse pela compreensão neurofisiológica dos processos psicológicos e vislumbrem as enormes possibilidades que este modelo nos oferece. De acordo com a colocação de Soeiro, o trabalho de programação é feito pelo cérebro. Diz a respeito: "A princípio, os estímulos que chegam até o bebê não são discriminados por ele. Som, luz, temperatura e qualquer outro estímulo, formam um todo. Os estímulos que provêm do mundo interno tampouco são discriminados. A criança apresenta sensações vagas de 'agitação' ou de 'calma' ". No entanto, se bem que o bebê não discrimine seu ser dos estímulos que lhe chegam e se confunda com eles, esta confusão não ocorre com qualquer estímulo, apenas com aqueles que seu sistema sensorial está em condições de receptar. Os fenômenos que ocorrem no organismo e em seu redor só adquirem existência se conseguem estimular o sistema nervoso, de tal maneira, que muitos estímulos de presença física para o observador podem não existir para o sujeito, quer seja porque os estímulos não superam o limiar necessário

para ativar o SN ou porque este não se encontra em condições de transmitir os impulsos nervosos. *A fisiologia, pois, condiciona e determina a informação que chega aos centros e, portanto, a estrutura psicológica.*
Existe assim, um verdadeiro filtro fisiológico, que determina a informação que passará aos centros. Além disto, esse filtro muda evolutivamente com o desenvolvimento e maturidade do SN. De acordo com o exposto, a programação estaria condicionada pelo filtro fisiológico. Seu processamento ocorreria a nível dos circuitos correspondentes e o armazenamento dos programas a nível dos centros superiores (cérebro). Vale dizer que o cérebro — mais que programador — seria seletor de programas. Em linguagem de Núcleo do Eu, estes programas correspondem às marcas mnêmicas. As estruturas genéticas dão forma aos programas, enquadrando-os em limites precisos. As variações dentro desta forma vão depender dos modos e maneiras em que ocorra a complementação de estruturas. Isto dá origem a diferentes programas com a mesma informação. Nestes modos e maneiras baseia-se a diferença entre os vários grupos culturais. Suas características se incorporam, assim, precocemente aos programas. Das múltiplas e variadas marcas mnêmicas (programas) armazenadas no cérebro, este escolherá conforme os estímulos (informação) a mais adequada para responder. Estes primeiros registros (HHMM) dependentes de estruturas genéticas correspondem aos papéis psicossomáticos. Em conseqüência do fato de os alicerces dos referidos papéis serem funções fisiológicas indispensáveis (ingestão, defecação e micção) mantém-se a continuidade estrutural da espécie e como, além disso, da estruturação dos papéis psicossomáticos produz-se, simultaneamente, a discriminação das três áreas: ambiente, corpo e mente, chega-se para cada indivíduo a uma fórmula estrutural. Essa fórmula é a resultante particular da combinação de seis fatores: as três áreas e os três papéis psicossomáticos. A fórmula estrutural é a expressão, de um lado, do tipo de personalidade e, do outro, das variações individuais dentro da referida personalidade. No enfoque do Dr. Soeiro seria a maneira particular de computação que cada tipo de personalidade tem.

Chegamos assim a um terceiro item a considerar: as variações que o autor introduz ao Núcleo do Eu e, portanto, às tipologias e patologias. Soeiro divide a área ambiente em duas: o Ambiente Físico e a Área Pessoa, de tal forma que o Núcleo do Eu fica formado por três papéis psicossomáticos e quatro áreas. Independentemente das novas possibilidades que esta mudança de estrutura ofereça para a compreensão das alterações mentais e sua permanência ou não, devo manifestar meu desacordo no que se refere às ditas alterações formais.

A esse respeito transcreverei alguns parágrafos de meu livro sobre o Núcleo do Eu, ainda no prelo. "O Núcleo do Eu é um esquema teórico, genético e estrutural que condensa em si os fatores biológicos, psicológicos e sociais participantes na individuação do ser humano. É teórico enquanto é o resultado da elaboração intelectual de conceitos provenientes de outras áreas: etologia, embriologia, anatomia, fisiologia, psicanálise, psicologia evolutiva, psicologia social, psiquiatria infantil, em relação à prática clínica. É genético porque considera que o psiquismo se desenvolve a partir de estruturas genéticas estáveis, próprias da espécie e que se manifestam através da anatomofisiologia e porque a ordem de aparecimento dos focos de atenção intero, extero e proprioceptivos estarão determinados pela evolução natural do sistema nervoso. É estrutural porque é um *esquema de relações* (A. March), resultante da interação simultânea de fatores fisiológicos, psicológicos e sociais."

Este último ponto, o estrutural, é aquele que eu considero essencial quanto às modificações formais que se façam ao Núcleo do Eu. Numa estrutura, a modificação de uma de suas partes modifica o todo. Por conseguinte, não basta uma explicação parcial para que a modificação seja válida. É necessário que a modificação introduzida esteja de acordo e seja coerente com os processos que lhe deram origem ou, ao contrário, que se faça uma reformulação total e se considere uma nova estrutura. Assim, por exemplo, na estruturação do papel de ingeridor como se explicam evolutivamente as modificações de relações entre área corpo e áreas pessoa e física?

Um quarto item a considerar é o que se refere ao papel da ação na atividade psíquica. A meu modo de ver esta é a contribuição mais valiosa de Soeiro à teoria psicodramática, pois nos oferece uma explicação neurofisiológica da importância da dramatização (drama = ação) em psicoterapia. Dentro deste capítulo há um parágrafo que merece ser reproduzido: "A diferença entre a situação imaginária (repouso) e a situação real (ação) é que na primeira não existe um parâmetro para o controle da emoção enquanto na segunda a avaliação dos fatos que transcorrem na ação servem como elementos de adequação e moderação da emoção, mantendo-a dentro de limites menores".

Outro item escolhido para se levar em consideração é aquele que introduz a dimensão temporal e sua influência nas patologias. É interessante a relação que o autor estabelece entre o ritmo e a atividade sináptica. Talvez careçam termos mais adequados do que ansiedade e depressão, pois estes se prestam a confusão com as patologias.

Continuar a comentar outros aspectos igualmente importantes desta obra seria alongar excessivamente este prólogo. Não obstante, antes de finalizar desejo enfatizar o mérito do dr. Soeiro no que se refere a sua honestidade a respeito do reconhecimento das fontes. Esta observação, que parece óbvia, se torna necessária para distinguir a sua obra de uma série de livros que estão aparecendo sobre Psicodrama onde a bibliografia e o reconhecimento das idéias dos outros deixam muito a desejar.

Por último, desejo expressar ao autor, que esta obra se incorpore por mérito próprio ao pensamento psicodramático latino-americano, contribuindo assim para consolidar sua configuração particular. É de desejar que esta seja a primeira de uma série de obras que ampliem e continuem suas idéias e investigações.

Jaime G. Rojas-Bermúdez
Buenos Aires, maio de 1976

INTRODUÇÃO

Nos últimos dez anos tivemos contacto diário com o Psicodrama através de curso de treinamento a que nos submetemos de 1968 a 1970 dirigido pelo dr. Rojas-Bermúdez, a quem rendemos homenagens, aulas que ministramos a alunos em formação psicodramática, consultório particular, Sociodrama, Psicodrama de Casal, Psicodrama Familiar, grupos de consultório e hospitalares, de psicóticos e com crianças e adolescentes, além da participação em congressos de Psicodrama: internacionais, latino-americano, argentino-brasileiros. Diante dessa contínua estimulação, formulamos grande quantidade de interrogações, para as quais fomos pouco a pouco encontrando respostas que satisfizessem a compreensão do nosso trabalho.

No Capítulo I procuramos de maneira sucinta informar ao leitor em que consiste o Psicodrama, bem como quem foi seu criador, apresentando também a teoria do dr. Rojas-Bermúdez, um dos mais acatados psicodramatistas da América Latina.

No Capítulo II relatamos o conjunto de nossas idéias, que correspondem às interrogações que nesses anos fomos encontrando em nosso trabalho diário. O ponto de partida dessas idéias consiste no vazio que verificamos no entendimento da doença mental em suas diversas manifestações, sem raciocinarmos com o sistema nervoso central, sob o qual todas elas se assentam. Os conhecimentos atuais do SNC são muito pouco úteis à prática clínica dos psiquiatras e psicoterapeutas em geral. Por outro lado, o enfoque que visava compreender as doenças mentais sem a preocupação de entender o funcionamento do SNC (caixa-negra), não nos satisfazia e, por isso, procuramos relatar nesse capítulo as idéias por nós concatenadas e que, esperamos, possam ser úteis à prática clínica do psiquiatra e do psicoterapeuta. Sabemos que o SNC é extremamente complexo e ainda bastante desconhecido; por isso não temos a pretensão de fornecer todas as respostas, mas sim, formular um raciocínio, tomando por base o SNC, que seja útil aos referidos profissionais, mesmo que de maneira incompleta.

Essas idéias foram discutidas em diversas ocasiões com nossos alunos, colegas, residentes de psiquiatria e apresentadas no I Congresso Latino-Americano de Psicodrama, tendo recebido muitas críticas, sugestões e incentivos. Neste sentido, teve particular importância um grupo de estudos de São Paulo, do qual tivemos a necessária retroalimentação das idéias que eram lançadas.

No Capítulo III introduzimos alguns conceitos sobre quadros clínicos, decorrentes de nossa prática. Aí mostramos a forma pela qual norteamos nosso trabalho, embora muitas vezes fugindo às descrições clássicas de alguns desses quadros.

Os Capítulos IV, V, VI e o Apêndice constituem a parte mais prática do livro, destinados àqueles que estão se iniciando em Psicodrama. O conteúdo desses capítulos, apesar de ser ensinado em cursos de Psicodrama, não é encontrado em compêndios. Aliás, o número de livros escritos sobre Psicodrama, até o momento, é muito escasso, o que, de alguma maneira, nos incentivou à publicação deste livro, como uma contribuição a todos os estudiosos da matéria.

CAPÍTULO I

BREVE HISTÓRIA DO PSICODRAMA

1. A DESCOBERTA DE MORENO

Jacob Levy Moreno, médico romeno, nascido a 19 de maio de 1892, radicado em Viena, onde teve sua formação psiquiátrica, foi o grande criador do Psicodrama. Em 1925 emigra para os Estados Unidos, onde suas teorias alcançam enorme repercussão, chegando até a construção do primeiro teatro terapêutico, funcionando anexo a uma clínica psiquiátrica e a um instituto formativo.

No início ainda de suas atividades, em 1921, na cidade de Viena, Moreno dedica-se ao trabalho com grupos de teatro onde os atores não tinham papéis decorados. Embora os papéis existissem, os atores tinham a liberdade de improvisar no decorrer da dramatização. O que existia era apenas uma linha geral do papel e não um roteiro a ser seguido, rigidamente. O mais importante era a improvisação.

Moreno se interessava muito por esse tipo de teatro chamado de Teatro da Espontaneidade. Numa dessas experiências, que se tornou histórica, esse Teatro da Espontaneidade transformou-se em Teatro Terapêutico.

Entre os atores havia uma atriz, chamada Bárbara, que sempre representava papéis muito suaves, meigos e afetivos, como o de uma mãe zelosa pelo seu filho ou o de uma amiga prestativa. Entre os espectadores mais assíduos do teatro havia um jornalista chamado Jorge, que se interessou por Bárbara. Namoraram e se casaram. Algum tempo depois do casamento, Moreno, encontrando-se com Jorge, observou que este se mostrava preocupado e triste. Conversando com o marido de Bárbara, perguntou-lhe o que acontecia, qual o motivo de sua tristeza e o rapaz lhe disse que tinha se enganado no casamento, tendo cometido um grande erro. A mulher angelical, que todos admiravam, se comportava como uma criatura agressiva, rude, irritável, intolerante, quando a sós com ele, contrariando a imagem que o marido gravara dela no palco. Pensava que fosse uma pessoa afetiva, meiga, delicada e Bárbara era exatamente o contrário.

A partir dessa conversa, Moreno, tentando ajudar o casal, resolveu dar a Bárbara, no teatro, papéis agressivos. Como este era um Teatro Espontâneo, havendo, portanto, muitas possibilidades de modificar as cenas e o roteiro, continuou dando a Bárbara papéis cada vez mais rudes e agressivos, assim como o de uma mãe extremamente severa ou o de uma filha rebelde para com os pais.

Depois de algum tempo, encontrando-se novamente com o marido de Bárbara, perguntou-lhe se havia notado algo diferente no comportamento desta em casa. Inicialmente, Jorge disse não ter notado nada, mas, em seguida, lembrou-se do seguinte fato: em certos momentos da briga Bárbara ria. Moreno pediu-lhe que quando isso ocorresse perguntasse a ela o porquê do riso. O rapaz fez como se lhe recomendou e verificou que a resposta de Bárbara era de que achava a situação parecida com a do teatro, isto é, semelhante aos papéis que representava no palco.

Moreno achou o fato importante e resolveu continuar a trabalhar com esse problema, atribuindo a Bárbara mais papéis agressivos, só que agora especificamente o de uma mulher agressiva com o marido. Paralelamente, continuou, através do seu marido, a informar-se como ela se comportava em casa, na vida real. Verificou então que o relacionamento do casal começou a melhorar. Bárbara já não era tão intransigente, tão intolerante e, conseqüentemente, as atitudes de Jorge para com ela também se modificaram. Moreno prosseguiu ainda nesse trabalho e numa ocasião convidou o marido para ser o ator coadjuvante daquela mulher agressiva. No palco, os dois, cada qual representando seu papel, tiveram brigas violentíssimas. Em determinado momento, Moreno interrompeu a cena e perguntou-lhes se o que ocorria na representação era de algum modo parecido com a vida real e se eles se propunham a dramatizar como se fosse uma situação da sua própria vida. O casal aceitou e representou no palco as discussões conforme elas ocorriam em casa. Paralelamente, o casal melhorou seu relacionamento e começou a viver melhor do que até então, sem as discussões, antes muito freqüentes.

Esta foi a descoberta de Moreno. Verificou que podia modificar o comportamento das pessoas através do teatro. A partir desse fato, Moreno começou a estruturar uma teoria, a criar fundamentos para expor de uma forma mais científica o que ocorreu, ou seja, uma explicação para a mudança de comportamento de Bárbara (1923).

Gostaríamos de convidar o leitor para que tentasse, a partir do fato observado por Moreno, descobrir quais os fundamentos científicos que poderiam explicar a cura de Bárbara. Para tanto, teríamos de percorrer, de alguma maneira, o mesmo caminho seguido por Moreno ou um outro caminho, mas cujos fundamentos viessem a explicar esta modificação em Bárbara.

Devemos considerar que o fato de a dramatização ter influído na cura de Bárbara não está, evidentemente, desligado de outros fatores sociais. Bárbara não estava só, pertencia a um grupo, estava interagindo com outras pessoas, e seu marido também. Havia, portanto, ao seu redor, toda uma constelação de pessoas e acontecimentos que provavelmente interagiram na sua cura. Precisaríamos tentar agora separar os fatos que pudessem ter maior significação para explicar essa cura. Neste sentido, é claro que qualquer de nós que queira entender o fenômeno, terá de conhecer o que Moreno escreveu a partir dessa descoberta até chegar a construir uma teoria exposta em toda a sua obra.

De qualquer maneira, há um destaque que gostaríamos de apontar: foi a partir daí que Moreno criou o termo *Psicodrama*, uma técnica que trabalha com o psiquismo em ação. A palavra *drama*, do grego, significa ação e psique, alma ou espírito. Esta abordagem de um método psicoterápico que focaliza o ato ou a ação, onde todas as formas de expressão estão incluídas ganhou, desde então, grande importância. Teatro terapêutico e Psicodrama são termos sinônimos.

O sentido da ação a que nos referimos aqui não é apenas o de uma ação puramente mental, ou seja, o indivíduo estar pensando em alguma coisa ou imaginando algo, mas antes, o sentido de uma ação real e efetiva, a noção de um indivíduo atuar fisicamente sobre o ambiente e este interagir com o próprio indivíduo. Quando Bárbara, por exemplo, discutia com o ator que representava o seu marido no palco, estava interagindo com o ambiente, agredindo este ambiente e recebendo dele uma resposta à sua ação. Essa retroalimentação fez com que Bárbara percebesse melhor seu comportamento e procurasse novas formas adaptativas no relacionamento com seu marido.

2. A OBRA DE MORENO

Após a observação do caso de Bárbara e de outras vivências pessoais, Moreno deu início à instituição de uma obra gigantesca, com o objetivo de lançar fundamentos teóricos e uma sistematização à sua descoberta.

Para tanto, criou conceitos novos, reformulou alguns conceitos de sua época e deu uma nova dimensão à Psiquiatria, Psicologia e Sociologia.

A obra de Moreno é bastante extensa, e nesse capítulo iremos discorrer sobre alguns pontos de sua teoria.

Observa-se na obra de Moreno que alguns conceitos são criações próprias e outros são citados com o objetivo de corrigir certos dados do psicanálise, que na sua época exercia grande influência. Note-se que Moreno descobriu o Psicodrama em Viena, cidade na qual Freud desenvolveu sua teoria psicanalítica.

Assim, muitas coisas que escreveu foi com o objetivo de colocar contraposição conceitual a certos aspectos da Psicanálise. Como, por exemplo, no que se refere ao nascimento. Para Moreno, o nascimento seria um ato liberador, ao contrário do conceito de "trauma de nascimento" de Otto Rank e Freud. Moreno cita, em sua obra, que a criança, no seu processo evolutivo, necessita dar esse salto. Sair do útero é um processo natural que ela busca ativamente.

Outro conceito comparativo é o da catarse. Segundo a Psicanálise, catarse é a liberação de uma forte carga emotiva, quando certos mecanismos inconscientes afloram ao nível da consciência durante o tratamento psicanalítico. Moreno introduziu o conceito da catarse de integração em contraposição ao conceito da catarse de ab-reação psicanalítico. No conceito da catarse de integração, de Moreno, o indivíduo durante a psicoterapia tem uma série de conhecimentos e de percepções até que em determinado momento todas elas se unem formando um conjunto. O indivíduo, assim, com esta percepção globalizante, dá um salto. A isto, Moreno chama de catarse de integração, passando o indivíduo a ser uma nova pessoa. No conceito de catarse de ab-reação o indivíduo estaria liberando energia de dentro de si. Para Moreno, o indivíduo não passa a ser tão-só o que era no passado, sem os traumas, mas a ser um novo indivíduo, algo que não fora até então.

Quanto à conceituação de inconsciente, Moreno o utiliza no sentido de "estados inconscientes". A idéia de que o inconsciente possa ser uma espécie de entidade é categoricamente refutada por ele.

Em contraposição ao conceito de transferência da Psicanálise, Moreno coloca o conceito de tele. Na transferência, o paciente desloca para o terapeuta certos sentimentos que já vivenciou em outras situações, como por exemplo, com figuras de autoridade retratadas pelo pai, mãe etc. Para Moreno o que o paciente sente em relação ao terapeuta é a sensação de duas pessoas que se encontram e não necessariamente um processo repetido da infância. Assim, tele é a capacidade de o indivíduo perceber a outra pessoa sem distorções. A transferência é uma patologia da tele. O normal é o indivíduo ter tele, perceber o mais objetivamente possível a outra pessoa com quem está se relacionando. No Psicodrama o que se deve conseguir é uma boa relação télica e não transferencial.

O conceito de *"Acting-out"*, de Moreno, também foi criado comparativamente à Psicanálise. *"Acting"* é a capacidade do indivíduo de dar respostas a estímulos imaginários. A psicoterapia freqüentemente facilita o aparecimento de grande número desses estímulos imaginários, provocando no paciente tendência de agir sob essas influências. Moreno acha o *"Acting-out"* muito importante, e que a sua existência é saudável. Distingue, porém, o *"Acting-out"* irracional e o *"Acting-out"* terapêutico.

Terapêutico, quando este agir segundo estímulos imaginários é passível de ser trazido à sessão e discutido, como material que o grupo reestuda e reavalia.

O irracional é aquele em que o indivíduo tem atuações, mas procura esconder do grupo e atuar fora do tratamento. Esta situação de o indivíduo esconder, pode-se dar fora ou na própria sessão. Por exemplo, ao sair de uma sessão, um paciente começa a dar conselhos ao protagonista de maneira contrária àquela que foi observada no grupo. Também é o caso de um indivíduo, que ao dramatizar durante a sessão com outro, o ataca não como o personagem desempenhado, mas como a própria pessoa.

Além destes conceitos contrapostos à Psicanálise, Moreno desenvolveu outros, que citaremos a seguir.

O de *Matriz de Identidade*: quando a criança vem ao mundo, ela se insere num ambiente físico e num contexto de pessoas que se organizam para recebê-la. O meio ambiente desde quando a mãe espera a criança já começa a se modificar, pois ela passa a arrumar o quarto do nenê, suas roupas. A família começa a se preparar para recepcionar o novo ser. Forma-se uma "placenta social" para receber esse bebê e é a essa "placenta" que Moreno chama de Matriz de Identidade. Após o nascimento, quando a criança vai crescendo e se desenvolvendo, Moreno observou certos fatos que posteriormente relacionou com o uso de certas técnicas de Psicodrama. Na primeira etapa a criança ainda não se distingue do mundo que a circunda. Posteriormente, ela começa a se separar do mundo, e também a distinguir os objetos e pessoas fantasiados dos objetos e pessoas reais. Em seguida, passa a jogar com esses objetos e pessoas e a aprender a desempenhar um papel com eles. No desenvolvimento desse papel, há um momento em que ela inverte o papel, ou seja, brinca com a boneca como sendo mãe desta e a trata como sua filha. Primeiro joga com objetos (boneca) e depois com pessoas (mãe ou figura substitutiva). Neste caso, pegando a mamadeira ou a chupeta e oferecendo à mãe; se esta aceita, a criança se diverte bastante. Neste processo de inversão haveria um enriquecimento do aprendizado do papel — ela joga o seu papel e também o papel complementar. Quando sabe jogar os dois, tem um aprendizado total do papel.

Conceito de espontaneidade — Moreno mostra que o tratamento psicoterápico deve visar o desenvolvimento do que ele chama de espontaneidade ou Fator E, que é a capacidade do indivíduo de dar respostas adequadas a situações novas ou respostas novas e adequadas a situações antigas. Para Moreno, o indivíduo doente tem esse Fator E reprimido ou prejudicado de alguma maneira, apresentando uma capacidade adaptativa menor ao meio circundante. No caso de o Fator E estar bem desenvolvido, o indivíduo apresenta maior número de respostas adaptativas e criativas. Em cada momento existe a possibilidade de encontrar novas soluções. Ele está voltado muito mais para o presente e o futuro do que para o passado e às coisas acabadas. Criar o estimula.

Quando o indivíduo cria alguma coisa, esta criação tende a ser organizada e fichada. Assim, o músico que compõe faz uma partitura e esta passa a ser algo da cultura, do mesmo modo que o escritor produz uma obra e esta é difundida e conhecida. Às criações arquivadas para a humanidade Moreno chamou de *conserva cultural*. Esta é necessária e importante para a transmissão de conhecimentos. Moreno, entretanto, previne quanto aos cuidados para que a conserva cultural não venha a cercear a espontaneidade e o ato criador. Há indivíduos que têm tendência de fixar-se nas conservas culturais e repeti-las. Para Moreno o que importa é a espontaneidade e o ato criador.

O conceito de papel, advindo do teatro, é outro dado muito importante da teoria de Moreno que o anexou a personalidade. O indivíduo se relaciona com o mundo pelo desempenho de papéis. O papel é, basicamente, a via de comunicação da personalidade com o meio ambiente e Moreno o definiu como a *unidade cultural de conduta*. Em nossa vida diária representamos grande número de papéis. Assim, podemos ser aluno, pai, amigo e nestas várias situações relacionarmo-nos com os outros através desses papéis.

Outro conceito enfatizado por Moreno foi o de Encontro. Nesse conceito, o autor destaca a importância do relacionamento interpessoal intenso na terapêutica das doenças mentais.

Moreno parece ter inspirado sua obra nos existencialistas da época, particularmente em Martin Buber, conforme descreve José Fonseca F? em sua tese de doutoramento (ver Bibliografia).

Vemos na obra de Moreno que ele procura aproximar a Psicologia da Sociologia, tratando a doença mental não como um problema individual, mas basicamente, como um problema do indivíduo com seu ambiente.

A psicoterapia deve atuar sobre a forma de interagir. O psiquismo não pode ser atingido desligado do seu meio, como uma entidade à parte, mas, na sua relação com o ambiente. O mental e a ação estão ligados. Atuando-se sobre o comportamento atua-se automaticamente sobre o mental e vice-versa.

A obra de Moreno é muito extensa e dela extraímos apenas alguns conceitos com o objetivo de motivar aqueles leitores que não a conheçam para um estudo mais aprofundado do trabalho deste autor.

3. A OBRA DE BERMÚDEZ

Jaime G. Rojas-Bermúdez nasceu em Tunja, Colômbia, a 26 de julho de 1926. Radicou-se em Buenos Aires, onde se formou em Medicina, especializando-se em Psiquiatria. Pertence à Associação Psicanalítica Internacional.

Iniciou suas atividades psicodramáticas em 1957 no Instituto de Neuroses da Capital Federal. Em 1962, pela primeira vez tomou contato direto com Moreno, em Nova York, e recebeu em 1963 o título de Diretor de Psicodrama do "World Center for Psychodrama, Sociometry and Group Psychotherapy". Fundou a seguir a "Asociación Argentina de Psicodrama y Psicoterapia de Grupo".

Foi presidente do IV Congresso Internacional de Psicodrama realizado em Buenos Aires em 1959. Publicou dois livros da especialidade: *Títeres y Psicodrama* e *Que es el Psicodrama*. Este último foi traduzido para o português com o título *Introdução ao Psicodrama*.

De 1968 a 1970 ministrou em São Paulo, para onde viajava periodicamente, curso de formação psicodramática a diversos profissionais com os quais fundou o Grupo de Estudos de Psicodrama de São Paulo.

Em 1973, promoveu a fundação da Federação Latino-Americana de Psicodrama. Rojas-Bermúdez, além de ser o maior divulgador do Psicodrama na América Latina, criou um corpo teórico do qual destacamos sucintamente três conceitos, com o objetivo de motivar o leitor ao conhecimento de sua obra.

ESQUEMA DE PAPÉIS

O esquema de papéis é um dos referenciais básicos no raciocínio clínico desse autor e consiste graficamente numa figura estelar cujo centro foi denominado de Eu. Deste núcleo partem prolongamentos de diferentes tamanhos (Fig. 1.1).

Todos os papéis representados por um indivíduo em sua vida, são representados por esses prolongamentos, e através do comprimento de cada um deles, teremos o significado de estar o respectivo papel bem ou mal desenvolvido. A vinculação com papéis complementares se fará mais facilmente conforme esteja mais desenvolvido

ESQUEMA DE PAPÉIS

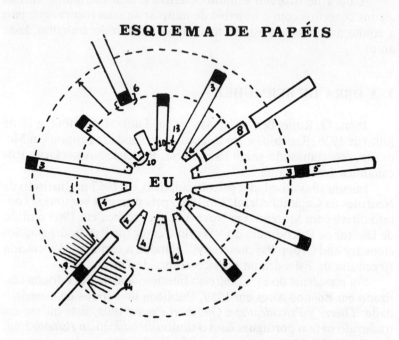

Fig. 1.1 — 1. Limite do "si mesmo"; 2 — eu; 3 — papel; 4 — papel pouco desenvolvido; 5 — papel complementar; 6 — "si mesmo"; 7 — vínculo; 8 — objeto intermediário; 9 — pseudopapel; 10 — inter-relação de papéis; 11 — inter-relação de papéis; 12 — expansão do "si-mesmo" por estado de alerta; 13 — contração do "si-mesmo" em situações especiais de aquecimento; 14 — contexto que mantém o pseudopapel.

o papel. Os papéis pouco desenvolvidos freqüentemente se encontram cercados pelo "Si Mesmo" o que dificulta bastante a vinculação.

Na figura, o "Si Mesmo" está representado pelo círculo pontilhado que seria uma membrana elástica que envolve o EU. Quando esta membrana se encontra dilatada, envolvendo todos ou quase todos os papéis, como ocorre em situações de alarma, o indivíduo não se vinculará através desses papéis, mas de uma forma massiva como um todo. Ao contrário, não havendo tensões, esta membrana se contrai permitindo o aparecimento dos papéis e a consequente vinculação.

A vinculação proporciona o desenvolvimento dos papéis e é necessária para que os papéis pouco desenvolvidos apareçam e se conectem. A retração do "Si Mesmo", que na sessão de Psicodrama é conseguida pelo aquecimento, propicia o aparecimento dos papéis pouco desenvolvidos, que poderão ser trabalhados psicodramaticamente.

Nos psicóticos crônicos o "Si Mesmo" se encontra permanentemente dilatado. Rojas-Bermúdez verificou que com o uso de títeres esses pacientes se conectavam mais facilmente com o ambiente e foi a partir dessas suas observações que desenvolveu o conceito de Objeto Intermediário e "Si Mesmo".

O Objeto Intermediário teria a capacidade de em penetrando no "Si Mesmo" buscar os papéis pouco desenvolvidos, permitindo a sua conexão com os complementares oferecidos pela equipe terapêutica.

NÚCLEO DO EU

Rojas-Bermúdez denomina de Núcleo do Eu à estrutura resultante da integração das três áreas: mente, corpo e ambiente com os três papéis psicossomáticos: ingeridor, defecador e urinador.

Esquematicamente o Núcleo do Eu é representado por um cír-

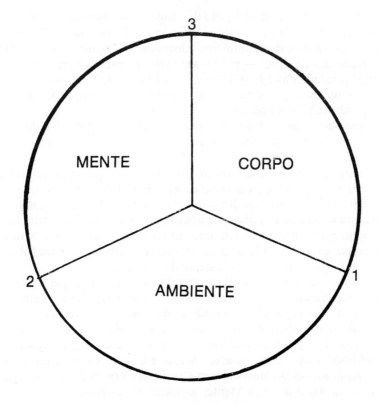

Fig. 1.2 — 1 — *Papel de ingeridor;* 2 — *Papel de defecador;* 3 — *Papel de urinador.*

culo dividido por três raios em partes iguais. Cada um dos fragmentos corresponde a uma área e cada um dos raios a um papel psicossomático (Fig. 1.2).

O papel do ingeridor se estrutura durante os três primeiros meses de vida extra-uterina e delimita as áreas corpo e ambiente.

O papel do defecador estrutura-se entre o terceiro e o oitavo mês delimitando as áreas ambiente e mente.

Entre o oitavo e o vigésimo quarto mês são delimitadas as áreas mente e corpo através da estruturação do papel de urinador.

As estimulações recebidas pelas crianças são diferentes para cada uma durante a formação do Núcleo do Eu produzindo fórmulas estruturais que posteriormente se manifestarão nos papéis desempenhados. Em todo indivíduo, embora existam papéis muito diferentes, há uma característica comum no desempenho de todos eles.

PSICOPATOLOGIA

Ao descrever a estruturação dos papéis psicossomáticos, Rojas-Bermúdez fala sobre as Estruturas Genéticas Programadas Internas que necessitam de meio ambiente adequado — Estruturas Genéticas Programadas Externas — para o seu perfeito desenvolvimento. É da completaridade das EEGGPPII e das EEGGPPEE que resultam as marcas mnêmicas, cuja inexistência, por falta de complementaridade, produzirá "porosidade".

Essa porosidade dos papéis psicossomáticos, no Núcleo do Eu, dificulta a delimitação precisa das áreas, estabelecendo-se regiões de confusão.

Para esse autor, a confusão é o substrato da doença mental e os sintomas são tentativas reparadoras (Fig. 1.3).

Havendo porosidade durante a estruturação do papel de ingeridor, estabelecer-se-á confusão entre as áreas Corpo e Ambiente, que se manifestará através de sintomas histéricos. Estando os mecanismos reparadores do lado da área Ambiente teremos a histeria fóbica e do lado da área Corpo a histeria de conversão.

Ocorrendo porosidade durante a estruturação do papel do defecador haverá confusão entre as áreas Mente e Ambiente. Estando os mecanismos reparadores do lado da área Ambiente, teremos a personalidade psicopática e se do lado da área Mente, a depressão.

Quando o papel de urinador sofre porosidade na sua formação, a confusão estará entre as áreas Mente e Corpo. Com os mecanismos reparadores do lado da área Corpo teremos os rituais obsessivos. Se do lado da área Mente, as idéias obsessivas.

As psicoses são o resultado da existência de porosidade em dois papéis psicossomáticos. Neste caso, haverá confusão entre as três áreas e o indivíduo funcionará com o papel psicossomático que estiver íntegro. Havendo porosidade nos papéis de defecador e urinador, o

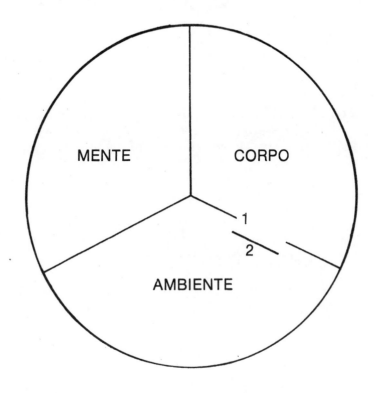

Fig. 1.3 — 1. Porosidade; 2 — Mecanismo reparatório.

papel íntegro é o de ingeridor e, neste caso, haverá a tentativa de "ingerir" tudo do ambiente resultando o quadro de melancolia. Estando íntegro apenas o papel de defecador, teremos a patologia paranóide. Se apenas íntegro o papel de urinador, a mania.

O trabalho de Rojas-Bermúdez oferece-nos um modelo evolutivo de desenvolvimento da personalidade, destacando a interação entre o organismo e o ambiente. Ressalta a importância da complementaridade dos papéis, tomando por base as funções somáticas da alimentação, defecação e micção.

CAPÍTULO II

BASES FISIOLÓGICAS DA ATIVIDADE PSÍQUICA

1. CÉREBRO E COMPUTADOR

Muitos artigos têm sido escritos, comparando certos órgãos do corpo humano às máquinas. O coração é comparado a uma bomba hidráulica, os rins a filtros, o cérebro ao computador.

Um dos objetivos da Cibernética é encontrar princípios gerais que possam explicar os fenômenos físicos e biológicos segundo uma óptica cada vez mais globalizante.

Embora a comparação de certos órgãos a máquinas não responda a todas as questões, torna-se útil para melhor compreensão de certos mecanismos do organismo humano.

O fato de o cérebro humano ser comparado ao computador deve-se, a nosso ver, a um princípio geral, comum, de distribuição de energia por um grande número de filamentos que, ao atingirem certos órgãos efetores, darão respostas à energia inicial (estímulo).

O cérebro humano possui bilhões de células nervosas, denominadas neurônios. Cada um destes pode estabelecer sinapses com um ou dezenas de outros neurônios. Podemos portanto imaginar o número praticamente infinito de possibilidades de trajetos para as mensagens que percorrem o SNC.

A distribuição dessas mensagens se faz ao nível das sinapses. Ainda não é bem conhecido esse processo de distribuição, mas à semelhança dos nódulos do computador, deve existir uma memória sináptica. Caso contrário, a distribuição bioelétrica seria caótica e o comportamento humano incompreensível.

Na fenda sináptica existem substâncias denominadas mediadores químicos, que são responsáveis pela passagem, ou não, das cargas elétricas que chegam até ela. Esses mediadores modificam a polarização da membrana pós-sináptica, propagando, ou não, a passagem do impulso nervoso.

A nosso ver, em relação à importância das sinapses existem dois aspectos fundamentais. O primeiro está relacionado com a passagem, ou não, do impulso nervoso e com o limiar em que esta se efetua, assunto que detalharemos melhor quando nos referirmos à psicose maníaco-depressiva. O segundo diz respeito à direção tomada pelo impulso nervoso após sua chegada à sinapse, que veremos com mais detalhes ao falarmos sobre esquizofrenia. No entanto, ainda neste tópico, devemos ressaltar a possibilidade de um mesmo impulso nervoso, após percorrer várias conexões interneuronais, poder voltar a uma sinapse pela qual já tenha passado. Neste caso o circuito entra em reverberação causando distúrbios mentais como veremos mais adiante. Processo análogo pode ocorrer nos computadores.

Atualmente, com os progressos da neurofisiologia e psicologia experimental (com a utilização de eletródios, inicialmente, e microcânulas para estimulação química local, mais recentemente), o acesso às diversas regiões do cérebro humano está tornando-se cada vez mais possível, e seus segredos desvendados. Também já se conhece parcialmente o mecanismo da passagem do fluxo bioelétrico pelas sinapses. Embora a ciência progrida rapidamente em relação ao conhecimento do funcionamento do cérebro, ainda há muito que percorrer para se ter um conhecimento bioquímico exato de todas as funções psíquicas do homem.

Quando se utiliza um computador, necessita-se de um programador para transformar as questões em forma compreensível pela máquina (fichas ou fitas perfuradas, fitas ou discos magnéticos). Este conjunto de informações é, dessa maneira, introduzido no computador, de modo que ele possa entender. Um programa define a estrutura de raciocínio, tomada de decisão, escolha de uma entre várias alternativas a ser tomada na presença do conjunto de dados. Desta maneira, um programa é essencialmente imutável e define uma linha de ação concebida pelo seu autor, enquanto que os dados constituem o campo sobre o qual esse programa atua. O processamento desse programa no computador gera uma série de pulsos elétricos que, na saída do computador, serão retransformados em fichas ou fitas perfuradas, fitas ou discos magnéticos, que serão novamente decodificados em linguagem humana. No cérebro humano esse trabalho de programação é feito por ele próprio.

As informações que chegam ao cérebro humano são estímulos advindos do meio externo (luzes, sons, texturas, formas) e do meio interno (órgãos da vida vegetativa e da vida de relação). As informações que chegam desses mundos (externo e interno), entram no computador (cérebro), sob a forma de cargas bioelétricas, que após percorrerem intrincados caminhos estimulam órgãos efetores que darão respostas, para o mundo externo (motoras e sensitivas) e para o mundo interno (equilíbrio homeostático).

Estes estímulos que chegam e são transformados, processados e novamente enviados ao meio externo ou ao meio interno, não existem em sua maioria (exceto alguns homeostáticos) na vida intrauterina. A criança quando nasce não tem as respostas aos estímulos que chegam até ela; é um computador que se desenvolve com o correr dos anos. No início, os estímulos que chegam até o bebê não são discriminados por ele. Som, luz, temperatura e quaisquer outros estímulos formam um todo. Os estímulos que provêm do mundo interno tampouco são discriminados. A criança apresenta sensações vagas de "agitação" ou de "calma".

Com a repetição dos estímulos, as cargas bioelétricas irão percorrer os mesmos circuitos quando o estímulo for o mesmo e as condições "bioquímicas" das sinapses dos neurônios forem as mesmas, permitindo à criança discernir o que ocorre quando se transforma o estado de "agitação" em "calma" e vice-versa. Quando essa sensação de "agitação" aumenta, ocorrem fatos ao seu redor, os quais ela ainda não discrimina mas que eliminam essa "sensação"*. Assim, por exemplo, a criança quando está com fome (tem os centros da fome estimulados por queda da taxa de açúcar no sangue), "sente" uma sensação de "desprazer" e chora. O choro é algo inato na criança, que aparece durante esse período de "agitação" ou "desprazer". Nesse momento, a mãe se aproxima e lhe oferece alimento. A criança mama e passa a sensação de "desprazer". Com a repetição desta seqüência de atos, vai ocorrer com essa criança (computador) uma somatória e depois uma discriminação do que acontece logo em seguida ao desprazer e ao choro, que faz com que retorne novamente a "calma". Assim, por volta do 3º mês de vida, a criança já começa a descobrir a figura do rosto humano, como algo que vem para solucionar a sensação de "desprazer". Desta maneira, quando uma criança está chorando, e aparece o rosto de um adulto, freqüentemente o da mãe, ela já se acalma e pára de chorar pela simples presença do rosto humano. Esta presença do rosto humano que provoca a mudança daquela sensação de "desprazer" já é um processo discriminatório, revelando o preenchimento de partes da memória do computador (cérebro) com informação relevante (útil, de importância), ao invés da informação irrelevante (aleatória, sem significado), que ocupavam as partes da memória mencionada.

Esta característica de se autoprogramar e de auto-regular pode parecer um pouco estranha, quando pensamos nos computadores

---

* As aspas são devidas ao fato de usarmos palavras das pessoas adultas, que observam a criança chorando ou não, pois não existem termos que precisem o que a criança sente (se é que sente), pois devido à amnésia do período neonatal não temos dados suficientemente claros para saber o que se está passando no "psiquismo" nessa fase da vida.

atuais, que têm esse poder em grau muito reduzido e primitivo, mas isso é válido para todos os órgãos (máquinas biológicas), pois quando falamos, por exemplo, que o coração é uma bomba, sabemos que esta também não tem o poder de reconstruir-se quando quebra. O coração, por exemplo, quando sofre obstrução lenta de uma artéria forma circulações colaterais que suprem o déficit produzido na irrigação dessa determinada região. Uma das características da máquina biológica é que ela tem o poder de autocrescimento, autodesenvolvimento e auto-reparação. Não há razões para acreditarmos que o cérebro fuja a essa regra. Em algumas máquinas modernas já existe esse poder de auto-regulagem, mas nos seres biológicos esse mecanismo é bem mais desenvolvido e amplo.

Com relação ao aprendizado e ao desenvolvimento, o registro dos estímulos repetidos que provocam a mudança do estado de "desprazer" em estado de "calma", vai sendo efetuado inicialmente na memória do tipo atual, imediata, e depois vai sendo armazenada na memória mais antiga, de evocação; todos esses registros são agora arquivados pelo computador e conforme as situações posteriores em que o indivíduo se encontre, essas informações podem retornar ao nível da elaboração. Neste caso significa colocar esta informação numa memória de rápido acesso (Memória Principal), pois isto torna essa informação mais facilmente disponível, não sujeita a espera (o que poderia ocasionar a busca de outras informações no período de espera e dessa maneira invalidaria a hipótese inicial de que a informação estava no nível da elaboração — corpo do computador) e serem úteis na elaboração da resposta.

O aprendizado processar-se-á através de erros e acertos que produzem na maioria das vezes sensações subjetivas de desconforto ou prazer, que inibirão ou facilitarão a passagem de cargas bioelétricas por um determinados neurônio ou por outro. Isso é devido ao fato de que cada resposta dada pelo organismo provocará o surgimento de um outro estímulo (*feedback*), que no caso de erro (produzindo sensações subjetivas de desprazer) atuará ao nível das sinapses envolvidas na ação, de tal forma que o caminho original percorrido pela mensagem tenha a sua repetição dificultada. No caso de a resposta ser acertada (produzindo sensações de prazer) haverá "fixação" da carga bioelétrica no trajeto neuronal percorrido.

No computador (cérebro humano) grande parte dos dados que serão arquivados (estímulos do meio externo) formarão o Modelo Interno do mundo real. Esse modelo passa a ser para o indivíduo, a realidade. Assim, uma criança que vê os pais se comportarem de determinada maneira e lhe é ensinado que essa é a maneira correta de se viver, criará um modelo da relação homem-mulher que passa a ser para ela a ideal. Qualquer modificação nesse padrão passa a ser visto por ela como um desvio, provocando desequilíbrio e inadaptação. A nosso ver, a maior parte do psiquismo humano se ocupa exatamente na construção desse Modelo Interno da Realidade Externa. Os outros registros advirão de estímulos repetitivos do próprio organismo e formação o Modelo Interno do seu organismo. Nessa área de registro se localiza a sensação de existir como um ser independente do meio externo.

Quanto ao Modelo Interno da Realidade Externa o indivíduo pode não identificá-lo como sendo parte do seu ser, mas sim a própria realidade. Neste caso ocorrem distorções da percepção.

2. OS MECANISMOS CEREBRAIS NO PROCESSO DE APRENDIZADO E DESENVOLVIMENTO

Quando um estímulo chega à criança irá percorrer um trajeto neuronal até atingir os órgãos efetores e dar resposta ao meio ambiente.

No ato de a criança responder ao estímulo inicial, ocorrerão transformações no meio ambiente que a cerca no sentido de premiá-la ou puni-la, conforme linguagem usada em Psicologia Experimental.

Essa contra-resposta (*feedback*) do meio ambiente irá provavelmente para um mecanismo cerebral de controle, à semelhança do computador, que através de um processo difuso por todo o SNC irá *fixar* ou *apagar* o trajeto neuronal premiado ou punido, respectivamente (Figs. 2.1 e 2.2).

Estes centros de controles provavelmente estão relacionados aos centros de emoções tais como: prazer, dor, medo e raiva.

Até agora falamos apenas da ação do meio ambiente sobre a fixação ou apagamento do trajeto das mensagens, mas existem fatores do meio interno que podem interferir: sonolência, fome, doenças.

Exemplificando: se a criança tem um foco irritativo com descargas bioelétricas anômalas, estas podem ocorrer simultaneamente à contra-resposta do meio ambiente, dificultando o processo de fixação ou de apagamento do trajeto da mensagem pelos neurônios. Por esta razão, quase sempre encontramos problemas de aprendizado em crianças disrítmicas, e quando estas recebem medicamentos que atuem no foco irritativo, obtém-se melhora no seu desempenho escolar e social (Fig. 2.3).

O conjunto dos circuitos preferenciais constitui no decorrer do desenvolvimento o que chamamos de memória. Usamos essa palavra num sentido amplo que engloba os registros mnêmicos intero, extero e proprioceptivos.

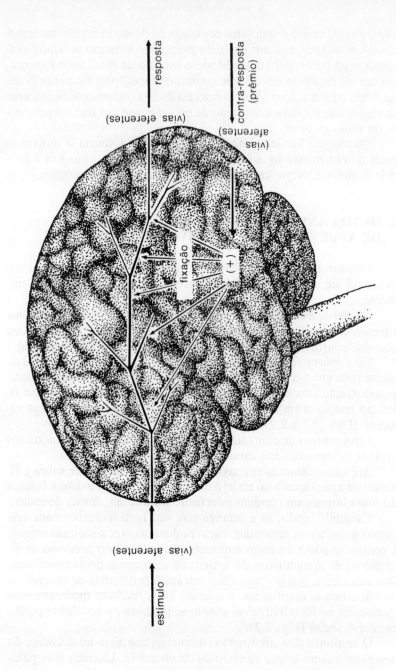

*Fig. 2.1 — Trajeto seguido pela mensagem e fixado.
(+) Prêmio*

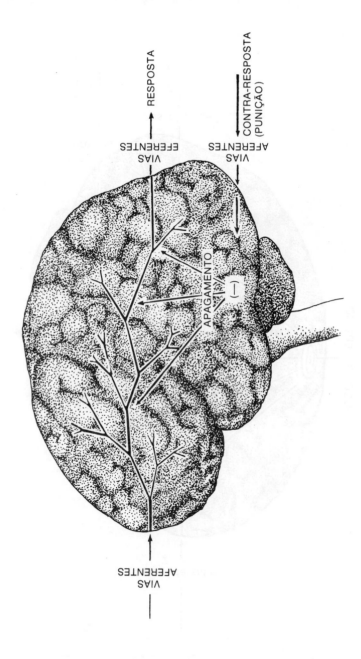

*Fig. 2.2 — Trajeto seguido pela mensagem e apagado.
(–) Punição*

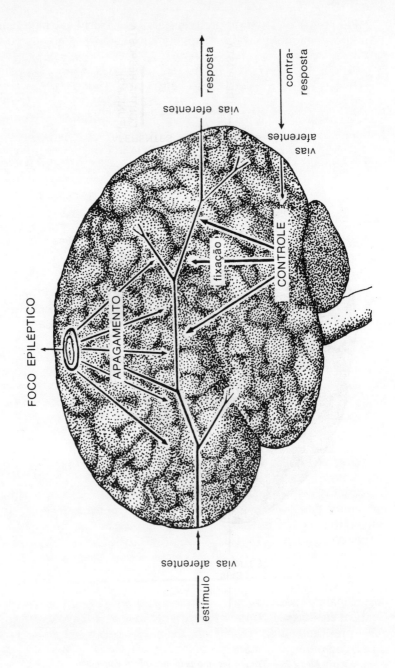

Fig. 2.3

Para que haja circuitos preferenciais é necessário que haja também fatores inibitórios sobre outros circuitos como veremos a seguir.

3. O PAPEL DA AÇÃO NA ATIVIDADE PSÍQUICA

Se passarmos agora a observar o funcionamento do psiquismo humano, sem nos preocuparmos no momento com os mecanismos neurofisiológicos subjacentes, poderíamos dizer que ele é diferente quando o indivíduo está em repouso ou em ação.

Quando o indivíduo está fisicamente em repouso, isto é, não envolvido numa ação específica, chama a atenção o fato de, na maioria das vezes, estar "dando asas à imaginação", como se pensamentos, memórias e emoções vagueassem por todo o seu psiquismo. Esse passeio fantástico pode fazê-lo saltar rapidamente através de uma série grande de fatos não relacionados entre si, ou fazê-lo construir fantasiosamente uma única e imaginária situação.

Assim, por exemplo, pode imaginar-se agradavelmente numa praia, e no momento seguinte se ver correndo angustiado de ladrões que o assaltam. Por outro lado, ele pode se imaginar numa praia e daí a pouco conjeturar que surge um amigo e logo depois que está conversando com esse amigo a respeito de negócios. A seguir, imagina que está realizando negócios e já sente emoções de prazer ou desprazer, de acordo com o andamento desses negócios, e as conseqüências que eles trarão para a sua família.

Desta forma, podemos dizer que no estado de repouso, através desse vaguear da imaginação, o psiquismo permite ao indivíduo vivenciar um grande número de situações e emoções, num curto espaço de tempo, e sem que qualquer ação real transcorra.

A experiência de privação sensorial, feita por D. O. Hebb e colaboradores, com voluntários psiquicamente normais, relata que após quarenta e oito ou setenta e duas horas de privação parcial de luz, sons, tato e movimentação, esses indivíduos passaram a apresentar alucinações, quadros confusionais e alterações de percepção. Esta experiência sugere a propriedade cerebral de auto-excitação de certas áreas. Nessa excitação os circuitos bioelétricos entram em atividade produzindo os fenômenos descritos. Se, por outro lado, atentarmos para o psiquismo de um indivíduo envolvido numa ação específica, em que exista um objetivo definido a ser atingido, veremos que é praticamente impossível que ele dê "asas à imaginação", da forma como descrevemos atrás. Tudo ocorre como se todas as funções psíquicas convergissem ou se centralizassem num ponto determinado, utilizando somente aquelas qualidades essenciais para que o indivíduo permaneça no campo da ação, e atinja sua meta. Nesse momento, tudo o mais perde a importância. Imaginemos, por exemplo, a situação de um jogador de futebol, em momentos decisivos de uma importante partida, correndo com a bola nos pés rumo a um gol que tem de marcar. Em tal situação, a integração de suas percepções, a coordenação de seus movimentos, a imagem mental que faz da situação-problema, convergem para um único ponto: marcar o gol! Nessas circunstâncias, mesmo que ocorra qualquer imaginação, ela estará, também, voltada para a ação que se desenrola: imagens de glória ou de tristeza, dependendo do resultado de sua atuação.

Temos, então, duas situações bem diferentes no que se refere ao funcionamento psíquico. Na primeira é como se a imaginação saltitasse por todo o psiquismo. Na segunda, como se toda ação psíquica se integrasse em torno de um ponto, enquanto todo o restante se apagasse.

Pavlov foi o primeiro autor a destacar a existência de processos cerebrais inibitórios. Quando uma determinada área cerebral é constantemente excitada, desencadeia-se um processo inibitório em outras áreas do Sistema Nervoso (Fig. 2.4).

Para Pavlov o aparecimento de uma resposta ou reflexo condicionado diante de um estímulo inespecífico (por ex. a salivação no cão ao toque de uma campainha), era o resultado da integração desse estímulo a nível cortical quando, por algum tempo, este estímulo inespecífico era apresentado conjuntamente a um estímulo específico (por ex. junto com um pedaço de carne, que, normalmente, provoca salivação no animal) — reflexo inato ou incondicionado.

Segundo Pavlov, apresentações repetidas e simultâneas ou próximas dos dois estímulos (carne e campainha), aumentam sua associação, facilitando a ligação neurofisiológica entre os dois estímulos.

Outra observação de Pavlov foi a seguinte: uma vez adquirido o reflexo condicionado, ele permanece como parte das respostas do animal por longo tempo.

Esta resposta pode não surgir ou desaparecer em algumas eventualidades, como por exemplo, se no momento em que o estímulo inespecífico for apresentado, um outro tipo de estímulo ocorrer simultaneamente (por ex. um ruído de outro tipo). Pavlov considerava este desaparecimento temporário do reflexo condicionado, motivado por um estímulo perturbador, como sendo uma *inibição ativa* (externa) do estado de excitação. Equivaleria dizer que o córtex atingido por outro estímulo, pelo processo de "indução negativa", a partir desse ponto estimulado, "apagaria" temporariamente a associação neurológica antes estabelecida.

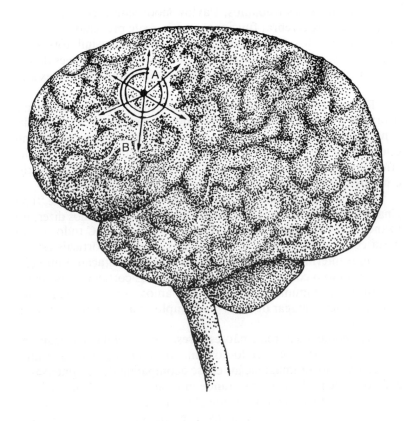

Fig. 2.4 — A. Área de excitação; B. Área de indução negativa.

Outras formas de desaparecimento do reflexo condicionado ocorriam: *a*) quando o animal fica longo tempo sem ser submetido ao estímulo; e *b*) quando o animal é estimulado seguida e intensamente (fadiga). Estas duas situações Pavlov explicou como conseqüência de um processo de inibição interna. Ambas são passageiras e no primeiro caso o reflexo pode reaparecer espontaneamente, o que Pavlov classificou de "desinibição"; no segundo, seria um processo ativo, que tenderia a proteger o tecido nervoso contra um estado de excitação demasiadamente forte.

O desaparecimento do reflexo condicionado seja por uma inibição interna, seja por uma inibição externa, ocorre tanto mais facilmente quanto mais complexa for a resposta condicionada.

A partir desses trabalhos, Pavlov modificou a crença anterior de que o córtex cerebral funcionava na base de processos exclusivamente excitatórios, sugerindo que existem processos inibitórios corticais ativos; o que ficou reforçado, posteriormente, através de seus experimentos nos quais conseguia respostas inibitórias do córtex através de técnicas de condicionamento.

Pavlov verificou que esses processos excitatórios e inibitórios não ocorriam com igual intensidade em todos os seres (homens e animais). Em alguns os processos excitatórios seriam mais intensos enquanto que em outros tais processos seriam menos preponderantes. Pavlov criou uma classificação tipológica baseada nos estados excitatórios e inibitórios do SNC.

Com o indivíduo em repouso e aceitando-se a condição de "imaginação saltuária" de que falamos anteriormente, podemos dizer, utilizando a terminologia de Pavlov, que a nível do SNC tudo funcionaria como se diversos grupos celulares ou zonas corticais estivessem num intermitente e cambiante estado de excitação e inibição. Comparando o córtex, ou determinadas áreas corticais a um painel constituído por inúmeras lâmpadas, teríamos a imagem de um constante acender e apagar de luzes num amplo e variável modo de combinações.

O fenômeno, porém, não está restrito às células corticais. Na maioria das vezes, ocorrendo-nos uma idéia ou surgindo determinada cena em nossa imaginação, ela se acompanha de sentimentos ou emoções que podem atingir grande intensidade. Em termos psicofisiológicos equivaleria a dizer que além de áreas corticais relacionadas com a emoção, outros centros encefálicos mais específicos participariam do processo (hipotálamo e formação reticular).

Assim, um indivíduo ciumento que suponha que sua esposa o esteja traindo, pode imaginar uma cena em que a veja com outro homem, e ser tomado por violenta emoção de ódio ou desespero.

No indivíduo "plenamente envolvido na ação", excetuando-se aquelas situações rotineiras e automáticas (datilografar, dirigir automóvel), por via extrapiramidal, dificilmente seu psiquismo estará livre para dar "asas à imaginação".

Imaginemos um indivíduo, tentando realizar uma transação comercial, discutindo com uma pessoa que poderá realizá-la. Neste momento, a ação que se desenvolve estará carregada de maior ou menor emoção dependendo da importância do negócio, e estará, ao mesmo tempo, sendo dirigida e controlada de acordo com a situação que se desenvolve. Será de um tipo e de uma determinada intensidade caso o interlocutor seja afável ou interessado. A emoção estará dirigida e ao mesmo tempo controlada por fatores do ambiente.

Enfocando somente o aspecto "emoção", poderíamos dizer que existem grandes diferenças, estando o indivíduo em repouso ou em ação.

Voltemos ao último exemplo. Admitamos que o indivíduo ainda não tenha realizado o encontro e fantasia sobre ele. Se vê argumentando com o interlocutor, vê o interlocutor não aceitando suas ponderações, não querendo realizar o negócio. Na sua imaginação o indivíduo começa a emocionar-se e fica irritado. Se percebe falando alto e terminando por agredir violentamente o outro. Nesse momento o indivíduo pode estar se sentindo exageradamente tenso ou frustrado.

Imaginemos que na situação verdadeira o interlocutor realmente não aceite suas ponderações e não realize o negócio. Suas argumentações para não fazê-lo são, entretanto válidas e seu comportamento é gentil; ou se quisermos ainda, suas argumentações não são válidas e seu comportamento é rude mas possui porte atlético e atitude agressiva, disposto à luta. O mais provável, é que o indivíduo do exemplo, em qualquer das eventualidades, não tomará a atitude imaginada, como também a emoção permanecerá em níveis mais baixos.

A diferença entre a situação imaginária (repouso) e a situação real (ação), é que, na primeira, não existe um parâmetro para controle da emoção, enquanto na segunda, a avaliação dos fatos que transcorrem na ação serve como elemento de adequação e moderação da emoção, mantendo-a dentro de limites menos intensos.

Essa diferença será tanto maior quanto menos vivenciada tiver sido a situação imaginária.

Tomemos, por exemplo, uma criança que nunca tenha brigado. Quando adulto este indivíduo pode ter fantasias muito distorcidas e emocionadas a respeito de uma briga. Pode imaginar que se der um soco no outro poderá matá-lo ou pô-lo desacordado, ou que ele próprio possa morrer ou desmaiar.

Este tipo de situação será imaginada diferentemente por um indivíduo que, quando criança, tenha realmente brigado várias vezes. Ele já terá dado e levado vários socos e sabe que não é tão fácil ferir ou ser ferido gravemente, sem o uso de armas.

O que podemos supor é que numa situação real ou imaginária de luta esses dois indivíduos atingirão níveis de emoção bem diferentes. O primeiro provavelmente atingirá níveis muito mais altos do que o segundo, por não possuir nenhum *feedback* desse tipo de situação, ou por possuir um *feedback* irrealístico (cenas de filmes ou TV). O segundo, sem dúvida se emocionará, mas dentro de níveis menores e mais realistas, por possuir *feedback* fornecido em situações anteriores semelhantes.

Vamos tentar relacionar esses conceitos ao exemplo do caso de Bárbara considerado no primeiro capítulo.

Como descrevemos, Bárbara era vista como pessoa dócil e meiga, sendo sempre escolhida para esses papéis no teatro da espontaneidade sob responsabilidade de Moreno (não tinha *feedback* de situações de agressão). Ao casar-se mostra uma faceta oposta à citada, comportando-se de forma extremamente agressiva com o marido, em certas situações. Moreno pede que passe a fazer cenas agressivas no teatro, e aquele comportamento emocional e rígido se modifica em casa.

Dissemos anteriormente que a ação fornece *feedback* ao indivíduo, mantendo a emoção em níveis mais baixos, fazendo com que ela se atenue e se integre ao todo do comportamento que se desenrola.

Resta, no entanto, uma pergunta. Se Bárbara discutia com o marido, estando, portanto, em ação, por que não melhorava ou modificava seu comportamento? Por que as representações no teatro pareceram ser mais úteis e terapêuticas?

Neste momento temos de introduzir um outro conceito para esclarecer esta aparente contradição.

Importantes trabalhos em psicologia experimental e etologia vêm enriquecendo nos últimos tempos os conhecimentos da Psicologia e Psiquiatria sobre os dinamismos da relação indivíduo-ambiente no desenrolar de uma ação específica.

Referiremo-nos, especificamente, às noções de campo tenso e campo relaxado.

A Psicologia de Gestalt, em seus trabalhos sobre senso-percepção, mostra que os indivíduos raramente percebem todos os estímulos provenientes do meio em dado momento, mas "selecionam" somente aqueles estímulos importantes para a ação específica que estejam desenvolvendo. O mundo perceptual seria, portanto, um todo, do qual emergem "figuras" necessárias para a ação que visa a satisfação de um impulso, necessidade de apetência. O restante dos objetos do campo perceptual permaneceria num "fundo" que emoldura, mas não são utilizados na ação. A estas modificações da percepção do ambiente envolvente, desencadeadas por um estímulo específico, deu-se o nome de campo de ação ou campo psicológico. O nome que um dado campo recebe é o mesmo do estímulo que provoca sua formação. Assim, fala-se em campo de luta, campo de caça, campo sexual etc.

Em etologia, através da observação de animais em ação no seu hábitat, é possível ao pesquisador identificar em que campo de ação se encontra o animal, através de sua postura, da forma como anda, a contração de sua musculatura, que objetos e fatos do meio chamam sua atenção ou atingem mais facilmente sua percepção. Equivaleria a dizer, que figuras do campo estão "iluminadas" naquele momento.

A ação que o animal desenvolve se efetua num campo tenso ou campo relaxado, dependendo de quão próximo está o animal da concretização de sua meta e da intensidade de sua apetência.

Exemplifiquemos com um modelo da etologia. Imaginemos um animal que passe a sentir fome. Modificações no animal e no campo perceptual passam a ocorrer, seu coração se acelera, a musculatura se enrijece, seu andar se modifica, o olfato busca e distingue odores característicos da caça, a visão seleciona cores e movimentos típicos do animal que busca. Apesar de uma tensão (emoção) existente, o animal caminha, ainda, em campo relaxado. Ao encontrar ou visualizar a presa, novas modificações ocorrem, os fatores do campo se estreitam ainda mais, a figura principal é o outro animal, a tensão aumenta muito, a ação se acelera. Aos movimentos da caça correspondem movimentos do caçador quase previsíveis; o aspecto é de uma dança fenomenal em que a coreografia se monta a cada passo do parceiro. Caça e caçador parecem ligados por algo invisível e poderoso, a tensão é "sentida" em toda cena, e só desaparece quando o ato se consuma.

Poderíamos dizer que ambos atuam num campo tenso (campo de caça e de fuga) cujas características básicas são: "alto nível emocional" na ação, e grande estreitamento do campo perceptual, como se "sujeito e objeto" estivessem ligados por um túnel invisível. Assim, se naquele momento passasse perto do animal predador uma fêmea, ou mesmo outro tipo de presa, o animal não perceberia estes outros fatores do campo, permanecendo na ação que se desenrola em campo tenso.

Se pudéssemos extrapolar estes conceitos para o caso de Bárbara, diríamos que uma das diferenças entre a ação que se desenvolvia na vida real e aquela representada na cena teatral, é que a primeira se desenvolvia em campo tenso e a segunda em campo relaxado.

Esta diferença é importante se levarmos em conta que o comportamento humano, muito mais elaborado que o do animal, utiliza para sua ação um número mais amplo de fatores do campo. Fatores importantes que muitas vezes solucionariam a situação em campo tenso podem não ser percebidos ou considerados.

Um exemplo clássico da psicologia experimental evidencia claramente esse fato: um cão em privação alimentar é posto numa jaula, frente à qual e do lado de fora, é colocado um pedaço de carne. O animal tenta alcançá-lo desesperadamente, passa sua pata e focinho pela grade, parece ligado à visão da carne, estabelecendo um nítido campo tenso. Nesse momento, se o experimentador abrir a porta traseira da jaula, o animal não perceberá o ruído e a modificação ocorrida no ambiente. Vítima do estreitamento do campo e ao nível tensional, não soluciona o seu problema.

No teatro, Bárbara atuava num campo relaxado, percebia mais nitidamente as reações do ator coadjuvante, as reações do público, as alternativas de ação, ou seja, se utilizava de um número maior de fatores do campo.

Segundo Pavlov, os reflexos condicionados são os que mais facilmente desaparecem quando o córtex cerebral é atingido por estímulo mais intenso, ou quando o animal se encontra em situação de tensão ou fadiga.

Unindo estes aspectos psicofisiológicos às teorias do campo, seria válido intuir que a ação em campo tenso provocaria, também, uma inibição cortical de comportamentos mais elaborados, levando o indivíduo a atuar através de mecanismos mais primitivos, menos elaborados, geralmente rígidos e estereotipados.

Ansiedade, comportamentos rígidos, dificuldade de adaptação a certas situações, são características comuns à maioria dos distúrbios mentais, em particular das neurores.

Representando cenas de agressão, em campo relaxado, Bárbara tinha oportunidade não só de reforçar comportamentos complexos, mas a de integrar a esses comportamentos novos estímulos provenientes do meio, que enriqueciam a ação e ampliavam as suas possibilidades de resposta. A ação em campo relaxado permitia, assim, que um *feedback* mais amplo fosse registrado.

O papel da ação como agente terapêutico, que foi a descoberta de Moreno, está apoiado, a nosso ver, em três mecanismos básicos.

Primeiro: estando o indivíduo em ação, existe uma inibição do restante do córtex cerebral e o indivíduo responde só com determinado grupo de células. Esse processo inibitório sobre o restante do córtex e de todo o cérebro, enfim, provoca a cura da confusão. Um dos aspectos básicos de qualquer doença mental é o estado confusional. Quando o indivíduo trabalha, existe uma inibição do restante do encéfalo e haveria, portanto, uma inibição do estado confusional, pois só determinadas áreas estão em funcionamento.

Segundo: quando o indivíduo age em campo relaxado a ação se enriquece por outros estímulos que incidem sobre outra área, mas em conexão direta com a ação. Quando o indivíduo está em campo tenso, como no caso de Bárbara, o apagamento do córtex cerebral é tão intenso que ele não vê nada e nem ouve nada — nenhum outro estímulo o atinge. A ela só a briga estimula, o restante fica todo bloqueado (reverberação de circuitos). Quando está no teatro ela percebe que outros atores estão ao redor assistindo à discussão, ouve o que os outros atores dizem, percebe as reações da platéia, faz inferências da sua vida com o marido. Assim, uma série de outros estímulos atingem agora o córtex cerebral e associam-se a outros conhecimentos anteriores, possibilitando o estabelecimento de novos circuitos cerebrais de adaptação ao meio ambiente. A ação em campo relaxado permite o aprendizado de novas formas de comportamento, o que não ocorre em campo tenso.

Terceiro: os estímulos que chegam ao córtex cerebral e que se relacionam com a ação que o indivíduo está executando, vêm acompanhados dos prêmios ou castigos do meio ambiente. No primeiro caso, a ação tende a ser reforçada positivamente, ao contrário do segundo caso em que o comportamento tende a entrar em extinção.

Os prêmios ou castigos na sessão de Psicodrama expressos direta ou indiretamente, quando o protagonista procura uma nova solução para seus problemas, possibilitarão a fixação desses novos circuitos bioelétricos ou o extinguirão.

Teoria mais recente, de Hernandez Peon, fala de um "Sistema de Experiência Consciente" no qual os estímulos captados pelo SNC para chegar a se tornarem conscientes teriam de atingir um determinado grupo de células nervosas. Essa teoria visa localizar topograficamente a experiência consciente, a qual está presente em toda ação.

Hernandez Peon ressalta que esse "Sistema de Experiência Consciente" possibilita a entrada de um número limitado de estímulos num determinado momento.

Por outro lado, sabemos que em toda ação existe a retomada de registros mnêmicos para que esta se desenvolva, preenchendo, a nosso ver, a capacidade limitada do "Sistema de Experiência Consciente".

O trabalho desse autor nos parece interessante, pois chama a atenção sobre uma possível topografia do campo iluminado durante a ação, ao invés de imaginarmos o processo difuso no SNC. Esse autor relaciona também em seu trabalho essa topografia com áreas do sistema de vigília.

4. TIPOLOGIA E PATOLOGIA

Conforme vimos, anteriormente, o cérebro humano foi comparado a um computador. A nosso ver, essa analogia torna-se importante para compreendermos as alterações psíquicas e sabermos como tratá-las, que é o objetivo da psicoterapia.

Os erros do computador (patologia) poderão ocorrer por defeitos em sua constituição (lesões orgânicas) ou devido a erros na programação, elaboração ou registro (problemas funcionais).

Os computadores são construídos pelo homem segundo leis precisas (matemáticas, físicas).

No caso do cérebro humano, a programação é determinada por fatores hereditários, constitucionais e adquiridos (educacionais, experienciais, vivenciais).

No início da vida as cargas bioelétricas distribuir-se-ão provavelmente de forma difusa e irregular no SNC, talvez com algum predomínio de áreas cerebrais, conforme o código genético de cada indivíduo e a etapa do desenvolvimento.

Com o correr dos anos irão se formando reflexos condicionados, desde os mais simples aos mais complexos, e as cargas bioelétricas tenderão a percorrer os mesmos circuitos neuronais que possibilitarão respostas adaptativas úteis ao indivíduo.

O cérebro, que é constituído por bilhões de células, se organiza de tal forma que a programação dos estímulos que chegam é registrada, codificada e elaborada de uma maneira própria. Há uma tendência em cada indivíduo, no momento em que um estímulo chega até ele, de registrá-lo, codificá-lo e elaborá-lo de um determinado modo. Outros indivíduos, diante do mesmo estímulo, o fariam de outra forma. A quantidade de células e portanto de possibilidades de combinação que tem o cérebro, permite várias possibilidades de processamento nesse sistema. É esse processamento particular que determina os tipos de personalidade. Os estímulos são recebidos, processados, elaborados e as respostas em seguida emitidas de maneira própria ao seu tipo de personalidade.

São conhecidas na história da psiquiatria e da medicina as várias tentativas de diversos autores em agrupar os tipos de personalidade. Embora existam críticas a esse procedimento, ele se torna útil na prática da psiquiatria. Achamos que há dois exageros opostos: alguns consideram que todos os seres humanos são diferentes entre si, não havendo sentido em classificá-los; outros afirmam que os seres humanos "no fundo" são iguais, o que também não propicia qualquer utilidade prática.

Quando se fala em neurose histérica, todos os psiquiatras imaginam um conjunto de sintomas, sinais e características de personalidade do paciente, distintas de uma neurose obsessiva compulsiva ou de um quadro depressivo. Embora os limites entre os diversos agrupamentos nem sempre sejam muito nítidos, eles são úteis à prática clínica.

O Núcleo do Eu, originalmente descrito por Rojas-Bermúdez, divide o psiquismo em três áreas (Corpo, Mente e Ambiente). Em seguida, após uma teoria de desenvolvimento, esse autor procura agrupar os principais tipos de patologia, segundo alterações surgidas na discriminação entre essas áreas. Achamos interessante e útil esse esforço de colocar em um esquema simples as psicopatologias. Entretanto, fizemos uma modificação subdividindo a área ambiente em duas: ambiente físico e área pessoa, conforme nosso trabalho intitulado Papel Objeto, e Objeto Papel apresentado no I Encontro Argentino-Brasileiro de Psicodrama, realizado em Buenos Aires em agosto de 1972 (ver apêndice).

Chamamos de área ao conjunto dos registros mnêmicos produzidos por estímulos com características comuns. Estímulos advindos de pessoas têm características comuns diferentes daqueles provindos do ambiente físico. Por exemplo, o calor transmitido por uma mãe em contato com o seu filho vem acompanhado de outros estímulos (pressão, tato, movimento) que o distinguirão do calor advindo do meio físico.

Destacar no psiquismo humano quatro áreas parece-nos útil para agruparmos as tipologias e patologias. A nosso ver, os quadros neuróticos decorrem da supervalorização de uma dessas áreas. Hipócrates, o pai da medicina, explicou a origem das doenças através de quatro tipologias: colérico, sanguíneo, melancólico e fleugmático.

Os histéricos dão uma prioridade muito grande às suas sensações corporais, emoções e sentimentos (Área Corpo). Os obsessivos, por sua vez, valorizam muito o ambiente físico, a ordem, os organogramas (Área Ambiente Físico). Os depressivos supervalorizam o outro, tudo fazendo para agradá-lo (Área Pessoa). Os paranóides supervalorizam suas idéias, princípios e pontos de vista (Área Mente).

É necessário esclarecer que, quando dizemos que o paranóide supervaloriza a Área Mente, não estamos dizendo que criticamente ele assuma esta postura diante da vida, mas que em suas respostas frente ao meio ambiente, isto é, durante as ações que executa, o comportamento demonstrado denota uma prioridade ou prevalência de respostas advindas da Área Mente, ou seja, acredita demais em suas idéias e conclusões a respeito delas, atuando em consideração a isso mais do que em relação às evidências do meio (Área Ambiente) ou de suas sensações (Área Corpo). Da mesma forma quando dizemos que nos histéricos existe uma supervalorização da Área Corpo, não estamos afirmando que ele ache que o corpo é o mais importante, mas que ele valoriza suas sensações e emoções e que para ele o importante é o que sente. O mesmo vale para os depressivos (Área Pessoa) e para os obsessivos (Área Ambiente Físico) conforme veremos com maiores detalhes mais adiante.

Observamos que indivíduos tipologicamente obsessivos usam pensamentos alternativos, em excesso, procurando não deixar escapar nenhum detalhe, nem de pensar em todas as possibilidades.

Usando a terminologia guestáltica para explicarmos melhor o que ficou dito acima, diríamos que para os histéricos, *sentir* seria figura e o restante fundo; para os paranóides, *suas idéias* seriam figura e o restante fundo; para os depressivos, o *outro* seria figura e o restante fundo; para os obsessivos, a *precisão matemática e física* e o *ambiente físico* seriam figura e o restante fundo.

A computação, à qual nos referimos até agora, foi relacionada às tipologias que, uma vez exacerbadas, conduziriam às patologias neuróticas. Quanto aos quadros psicóticos, a nosso ver, são devidos a processos difusos que atingem todo o SNC, qualquer que seja o processo de computação. Nesses casos as características tipológicas podem permanecer exacerbadas, como também desaparecer. Assim, se um indivíduo é tipologicamente histérico e entra num quadro psicótico, poderá, ou não, ter uma psicose com exacerbação de sintomas histéricos. Se um indivíduo é obsessivo poderá, ou não, durante um episódio psicótico exacerbar sintomas obsessivos.

5. PSICOTERAPIA DA AÇÃO — PSICODRAMA

Parte da nossa concepção de neurose foi inspirada nos trabalhos de Stuart Atkins e Allan Katcher. Esses autores, em seus trabalhos, apresentam um gráfico no qual o desempenho após um determinado ponto passa a decrescer, embora o indivíduo esteja exercendo força para modificar a situação. No eixo das abscissas esses autores colocam a força que o indivíduo habitualmente usa e nós a substituiremos por circuitos bioelétricos preferenciais; no eixo das ordenadas o desempenho, que conservamos em nosso gráfico (Fig. 2.5).

Ao analisarmos esse gráfico verificamos que, no início, há uma relação diretamente proporcional entre o aumento do desempenho e o uso dos circuitos bioelétricos preferenciais, mas, a partir de um certo ponto x, essa relação se modifica e embora o indivíduo continue a usar o seu sistema de computação, passa a diminuir o seu desempenho nesta fase. Há reverberação nos circuitos neuronais preferenciais, dificultando a adaptação do indivíduo a seu meio ambiente, produzindo comportamentos estereotipados e rígidos. Também se observa, nesta situação, uma diminuição na captação do *feedback*.

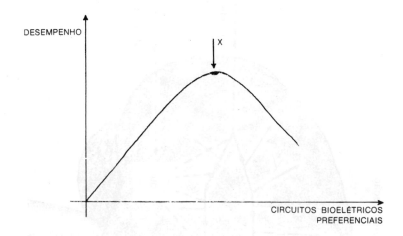

Fig. 2.5

A nosso ver, a patologia neurótica e psicopática consistiria em reverberações bioelétricas cerebrais (Fig. 2.6)
Quando o indivíduo se encontra em campo tenso, no caso de a situação ser difícil ou desfavorável, há uma tendência de os circuitos reverberarem e a computação se torna menos alternativa, a elaboração mais restrita e as respostas, em conseqüência, se tornam mais estereotipadas, segundo sua tipologia. Exemplo: uma criança que desde cedo apresenta traços de exibicionismo e de brincalhona, sendo recompensada pela família nessas características, na vida adulta terá, provavelmente, uma tendência de resolver parte das suas dificuldades através do charme pessoal e das brincadeiras. Entretanto, esse indivíduo, numa situação profissional de grande tensão, poderá tentar resolver as questões através do charme e da brincadeira, e isso, ao invés de lhe ser útil, prejudicará o seu desempenho profissional. *Segundo S. Atkins e A. Katcher, a fraqueza decorre do uso excessivo de uma qualidade.*

A técnica do Psicodrama leva o indivíduo a atuar suas ações conflitivas em campo mais relaxado e a recodificar distorções, tanto do Modelo Interno da Realidade Externa, quanto do Modelo Interno do próprio organismo, possibilitando novas formas de adaptação.

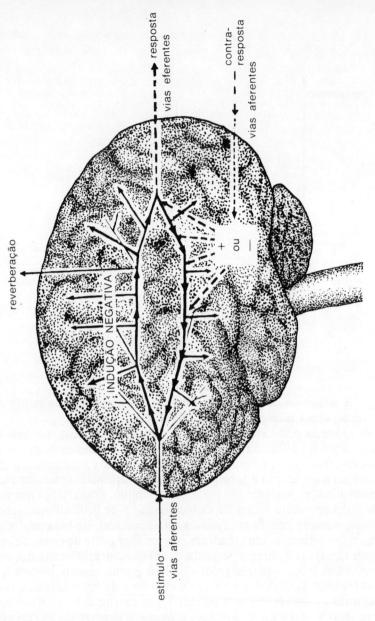

Fig. 2.6

Usando a definição de Moreno para espontaneidade, ou Fator E, como sendo a capacidade do indivíduo de dar respostas adequadas a situações novas ou respostas novas e adequadas a situações antigas e traduzindo isto em linguagem eletrônica, teríamos a capacidade do indivíduo de criar novos circuitos em busca de novas soluções ou de correções de elementos de seu Modelo Interno, que permitissem maior adaptação ao mundo real e aumento de suas sensações de bem-estar.

Possivelmente a criação destes novos circuitos aconteça principalmente na medida em que o cérebro funcione numa condição intermediária daquela característica do psiquismo em ação (*feedback* e campo perceptivo com menor iluminação) e do psiquismo em repouso (imaginação saltuária e campo perceptivo mais iluminado).

A dramatização relaxa o campo, fazendo com que o ponto x se distancie para x'. (Fig. 2.7)

Esse deslocamento é possível porque o paciente dramatiza no "como se", não havendo tantos problemas se ele agir inadequada-

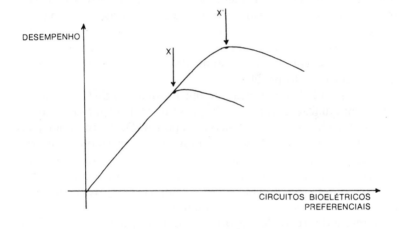

Fig. 2.7

mente. Exemplo: um paciente que tenha problemas no emprego com seu chefe. Se for falar com ele e errar poderá piorar a situação. Na dramatização, os erros que ele possa cometer não terão conseqüências graves e, ao serem apontados pelo grupo, permitirão a ele corrigi-los e agir mais adequadamente na vida real.

Em linguagem bioelétrica o campo tenso favoreceria a reverberação dos circuitos, enquanto que o campo relaxado permitiria às cargas elétricas percorrer outros "caminhos" neuronais, enriquecendo as combinações. Um indivíduo que, por exemplo, tivesse uma tipologia histérica poderia corrigir certos excessos de seu comportamento e responder de maneira diferente daquela que habitualmente usa e que lhe estava trazendo problemas.

Entretanto, a quantidade de circuitos neuronais que formam uma personalidade é muito grande e a capacidade da consciência em determinado momento é limitada, isto é, poucos circuitos poderão funcionar ao mesmo tempo; caso isso ocorresse o indivíduo entraria num quadro confusional.

A ação tem um poder inibitório sobre os circuitos cerebrais que não sejam utilizados durante essa mesma ação.

Os processos excitatórios e inibitórios das células do SNC deverão estar coordenados para que o indivíduo não apresente problemas mentais.

A nosso ver, o Psicodrama, sendo uma técnica da ação, possibilita ao terapeuta o instrumento de cura tanto dos processos excitatórios como dos inibitórios, porque durante a dramatização (ação), o protagonista, para desempenhar bem determinado papel precisa ter circuitos bioelétricos em atividade (área de excitação) e, ao mesmo tempo necessita inibir o restante do SNC que não seja necessário ao desempenho do papel.

A capacidade de inibição de outras áreas do SNC, que não estejam em atuação durante o ato, passa a ser incorporada pelo indivíduo, também, no estado físico de repouso. De acordo com a Teoria de Campo de Kurt Lewin, há movimento, mesmo quando o indivíduo está em repouso físico. No entanto, o aprendizado da ação disciplina o movimento durante o ato, e, em conseqüência, o movimento durante o repouso físico. Exemplo: um jovem que nunca tenha tido experiências sexuais quando fantasia a respeito, o faz de maneira diferente de outro jovem que já tenha tido experiências nesse campo.

O registro mnêmico da experiência (ou ação) interfere nos "movimentos mentais" do indivíduo em repouso. Isto se dá, por exemplo, com um paciente que sente muita raiva de seu pai, e, contudo, nunca discute com ele. No Psicodrama, ao dramatizar uma discussão com o pai imaginário da cena, a ação vai possibilitar novos caminhos mentais. Quando o paciente estiver sozinho, e pensar no pai, a raiva, anteriormente sentida, será modificada pela experiência da dramatização. Ele agora pensará no pai, na dramatização e nas opiniões de grupo em relação à cena desenrolada no palco.

A nosso ver, o papel psicoterápico do Psicodrama se exerce através dos seguintes mecanismos:

a) Possibilita novas experiências aos pacientes, regulando as fantasias pelo processo inibitório que a ação tem naqueles circuitos bioelétricos que interferem na adequação da resposta;
b) Mostra ao paciente o grande valor da vida de relação, reduzindo a importância excessiva da subjetividade;
c) Possibilita a aquisição de novos circuitos bioelétricos e o "apagamento" de outros, através de reforços positivos ou negativos exercidos pelo grupo, egos-auxiliares e diretor, durante a dramatização, ou na fase de comentários.

Os conhecimentos sobre tipologia e patologia, anteriormente citados, são importantes ao diretor de Psicodrama, pois fornecem parâmetros sobre a forma básica pela qual o indivíduo elabora os estímulos, que chegam até ele, e quais os pontos que poderiam ser trabalhados para diminuir áreas conflitivas do paciente.

CAPÍTULO III

DISTRIBUIÇÃO BIOENERGÉTICA E PSICOPATOLOGIA

1. CONCEITO DE NEUROSE E PSICOPATIA

Em toda a literatura psiquiátrica existem termos que são herdados de tempos bastantes distantes e que não teriam muito sentido se fôssemos analisá-los sob o aspecto etimológico.
Assim, por exemplo, histeria tem suas raízes na palavra grega que significa útero, pois na Grécia antiga pensava-se que essa doença fosse própria da mulher. Da mesma maneira, o termo neurose, que etimologicamente significa degeneração dos nervos, não é entendido desta maneira por nenhum psiquiatra ou psicólogo atual.
O que se caracteriza por neurose são certos comportamentos estranhos que o indivíduo adota consigo mesmo, ou com o ambiente que o cerca. É o caso do indivíduo que apresenta sintomas psicossomáticos diante de situações difíceis de sua vida. O fato de ele apresentar esses sintomas e outro indivíduo não, mostra uma característica intrínseca própria. Da mesma maneira, um indivíduo que tenha rituais obsessivos, diante de certas situações difíceis, por exemplo, financeiras, sociais ou familiares pode exacerbar esta sua característica, enquanto outro indivíduo não. Seria, assim, uma "doença do psiquismo" característica desse indivíduo.
Quando falamos em personalidade psicopática, referimo-nos àqueles distúrbios de caráter que são caracterizados na literatura psiquiátrica como os de indivíduos que têm tendências a atos sociais de marginalidade, que tendem à delinqüência, o chamado caráter perverso e que são citados como sem sentimentos de culpa, nem conflito e angústias.
Essa distinção de que na neurose o indivíduo tem problemas consigo mesmo e na psicopatia conflitos com os outros, dependerá do conceito que o psiquiatra tem das estruturas psíquicas.

Conforme afirmamos no item "Cérebro e Computador" (capítulo 2), as mensagens advindas do mundo externo são arquivadas na memória de cada indivíduo, de maneira particular, formando, no seu conjunto, o Modelo Interno da Realidade Externa.

Quanto à qualidade dos estímulos advindos da realidade externa, são diferentes, se provindos das pessoas, ou se oriundos dos objetos e ambiente físico.

Temos observado que poucos autores têm dado importância aos objetos na gênese dos distúrbios mentais. Foi com agradável surpresa que verificamos no trabalho "The Theoretical Study on the Struture of Personality" do Dr. Kohei Matsumura a ênfase dada a esse aspecto.

Em nosso trabalho Papel Objeto e Objeto Papel mostramos que os estímulos provindos do ambiente físico são mais constantes do que aqueles emitidos pelas pessoas, produzindo, por isso, registros mnêmicos de qualidades diferentes. É por essa razão que verificamos na maioria dos doentes mentais, uma tendência ao afastamento das pessoas, o mesmo não ocorrendo com relação aos objetos.

De maneira similar ao que se disse a respeito do Modelo Interno da Realidade Externa, há também um Modelo Interno da Realidade Interna que é o conjunto dos registros mnêmicos advindos do próprio corpo. Assim, um indivíduo sabe quando está com fome, desejo de micção ou sono. Tem também uma sensação subjetiva de sua "personalidade", caracterizada por frases do seguinte tipo: "eu penso desta maneira"; "eu sou muito bom, mas se me contrariam, eu reajo violentamente". Há, portanto, no Modelo Interno da Realidade Interna duas categorias de registros na memória: aqueles responsáveis por sensações corporais e os responsáveis pela percepção de sua maneira de pensar. Chamamos de Área ao conjunto dos registros mnêmicos advindos de um mesmo foco.

Resumindo, há quatro Áreas de registros mnêmicos: Mente, Corpo, Ambiente Físico e Pessoa, que podemos representar graficamente da maneira mostrada na Figura 3.1.

A forma circular da figura não é o mais importante. O que importa é a comunicação dessas quatro áreas entre si por três faces para mostrar a íntima interação entre essas áreas.

Todas as pessoas apresentam registros mnêmicos dessas quatro áreas citadas, mas, por motivos hereditários, constitucionais, sociais, ambientais e educacionais, poderão dar maior importância a uma dessas áreas, conforme dissemos no capítulo anterior.

Quando uma dessas áreas é valorizada, significa que os circuitos neuronais preferenciais do indivíduo que estão sendo ativados pertencem, em maior número, à área supervalorizada e em menor número às outras áreas.

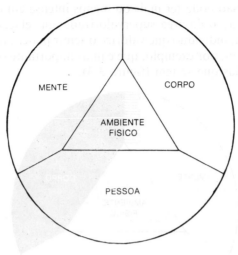

Fig. 3.1

Quanto à patologia, os circuitos preferenciais entram em reverberação, estando continuamente em ação e as respostas que estimulariam por retroalimentação as outras áreas, são inibidas.

Graficamente, é como se a área supervalorizada invadisse as áreas menos valorizadas por um processo inibitório dos circuitos neuronais dessas áreas menos valorizadas. Assim, se um indivíduo valoriza a área Corpo (sentir) teremos o seguinte (Fig. 3.2):

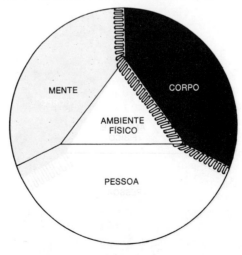

Fig. 3.2

59

Essa invasão pode ser mais ou menos intensa em qualquer das faces de separação da área supervalorizada em relação às demais.

Assim, um indivíduo que valorize o sentir poderá invadir a área Mente, achando, por exemplo, que é mais importante o que se sente do que as idéias que se tem (figura 3.3).

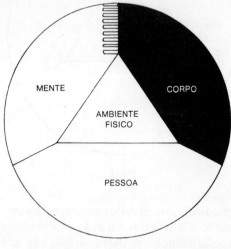

Fig. 3.3

Outro indivíduo que valorize o "sentir" poderá invadir mais a área Pessoa, tentando impor sua maneira de sentir aos outros (Fig. 3.4).

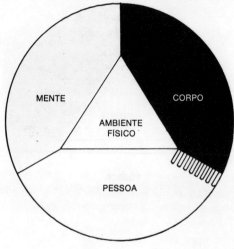

Fig. 3.4

Quando a invasão das áreas situar-se entre as faces das áreas Mente, Corpo e Ambiente Físico, teremos os sintomas de tipo neurótico (figura 3.5.)

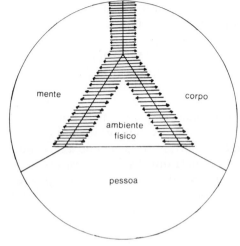

Fig. 3.5

Quando a invasão ocorrer na face que delimita a área Pessoa temos a conduta psicopática (Fig. 3.6).

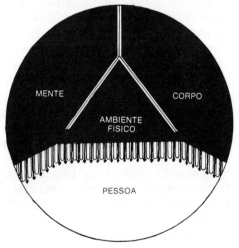

Fig. 3.6

A nosso ver, personalidade psicopática é aquela em que o problema que o indivíduo apresenta, com suas características tipológicas e patológicas, está no relacionamento dele com o outro. Assim, no caso da psicopatia histérica, quando o indivíduo tem uma conversão, não são os aspectos fisiológicos da conversão-vasodilatação ou vasoconstrição, musculatura rígida ou relaxada etc. que importam — mas, a quem aquele sintoma está atingindo e que resultado está trazendo para as pessoas com quem ele convive. Da mesma maneira, quando pensamos no obsessivo, podemos imaginar seus rituais e obsessões e os problemas que ele tem com estes; mas, quando falamos de psicopatia obsessiva, estamos nos referindo à forma do relacionamento do obsessivo com outras pessoas, à maneira como aqueles traços de personalidade possam estar fluindo e atingindo o outro e, desta maneira, induzindo o comportamento do outro em resposta ao seu. Julgamos importante o raciocínio aqui exposto, por ser uma explicação intrapsíquica dos distúrbios psicopáticos.

Em cada indivíduo que tenha uma patologia grave ou que esteja usando em excesso as características da sua tipologia, sempre existe o aspecto neurótico e o psicopático, tomando a terminologia psiquiátrica clássica. É freqüente o sintoma incomodar tanto o indivíduo que o possui, quanto as pessoas que estão próximas.

2. CONCEITO DE ANSIEDADE E DEPRESSÃO

No capítulo anterior as tipologias e patologias foram relacionadas topograficamente, pois de acordo com a valorização que fosse dada pelo "computador" a uma determinada área teríamos uma determinada tipologia ou patologia. Vimos que se o computador estivesse valorizando mais a área Ambiente Físico, por exemplo, teríamos uma tipologia ou patologia, se valorizasse mais o "sentir", outra tipologia ou patologia e da mesma forma outros tipos para o "pensar" e para a valorização do "outro". Este é um enfoque topográfico porque a formulação é feita sob o ponto de vista da localização — predomínio do "sentir", do "ambiente físico", do "pensar" e do "outro".

Neste capítulo introduziremos uma nova dimensão — o tempo, pois o comportamento não se caracteriza apenas pela valorização que o indivíduo dá ao "outro" ou ao "ambiente físico", por exemplo, mas também em relação ao ritmo com que ele atua quando está com o outro ou em determinado ambiente físico.

O fator tempo acentua ou atenua certas características dessas tipologias e patologias. Assim, um indivíduo histérico, que valoriza o "sentir", pode fazê-lo numa atitude de ritmo lento e passivo enquanto outro histérico pode atuar em ritmo ativo e rápido. O primeiro fica numa atitude de espera, aguardando que as pessoas se relacionem com ele de acordo com sua expectativa, com vínculos afetivos da maneira como ele espera e nada faz para procurar essas pessoas. O outro tipo tenta impor o seu "sentir". Quer que as coisas sejam da maneira como sente e procura isto de forma ativa e em ritmo muito intenso.

Qualquer que seja a tipologia devemos sempre levar em conta a dimensão tempo e verificar qual o ritmo.

A nosso ver, a noção do tempo se relaciona com os conceitos psiquiátricos de ansiedade e depressão. É comum falar-se que alguém está ansioso, angustiado, ou que está deprimido. Não se trata de uma tipologia por faltar a constância dos traços comportamentais. Qualquer pessoa, de qualquer tipologia, tem ansiedade ou depressão conforme situações de sua vida.

Quando o indivíduo está deprimido, verifica-se uma alteração do ritmo e quando está ansioso há outro tipo de alteração do ritmo.

O deprimido apresenta uma diminuição do ritmo e não procura mudar o seu ambiente. Permanece em atitude passiva, embora crítica, frente aos acontecimentos. Acha que tudo é ruim, mas continua passivo e lento. Tudo o que faz custa muito para ser feito.

O indivíduo ansioso, ao contrário, apresenta uma aceleração do ritmo. Tenta resolver as coisas e luta para superar os problemas com que se defronta, sempre num ritmo rápido, pois deseja resolver tudo de forma imediata e acelerada.

Desta maneira, vemos a depressão como sendo uma tentativa de adaptação frente a um problema, de forma passiva e lenta; e ansiedade, como uma adaptação do indivíduo que tenta resolver os problemas de forma rápida e ativa.

Devemos esclarecer, porém, que estamos falando sobre o ritmo observável no indivíduo, o seu ritmo comportamental, ou seja, aquele que se percebe no relacionamento do indivíduo com o meio ambiente ou com a pessoa que o está observando.

Entretanto, pode haver também uma alteração do ritmo biológico sem uma correspondente alteração comportamental. Nesse caso, observam-se alterações funcionais de certos aparelhos ou sistemas corporais, tais como: taquicardia ou bradicardia; taquipnéia ou bradipnéia; aumento do peristaltismo intestinal ou constipação; hipertensão ou hipotensão; hiper ou hipocloridria gástrica.

Quanto ao termo depressão, que usamos anteriormente, também deve ser esclarecido que não o empregamos como sendo uma tipologia, mas como algo que ocorre com todos os indivíduos, qualquer que seja a sua tipologia, pois um indivíduo normal tem dias ou ocasiões em que se deprime ou se sente ansioso.

O indivíduo cuja tipologia é a depressiva, também como os outros, está sujeito a ansiedade e depressão, mas neste caso existe uma tendência maior a estados depressivos, ou seja, a uma diminuição do ritmo.

É necessário, portanto, que se faça a distinção entre a tipologia depressiva e a depressão devida à diminuição do ritmo observável, que pode afetar qualquer indivíduo.

O que estamos colocando aqui se relaciona com os conhecimentos psicopatológicos clássicos, que falam do chamado afeto básico e estado de humor.

Desta maneira, em examinando um paciente, podemos ter um indivíduo ansioso, sem que isto signifique que ele se caracterize como um neurótico ansioso.

Este enfoque que estamos dando à depressão e à ansiedade, separando-as da tipologia depressiva, pode explicar aqueles quadros comuns que são classicamente conhecidos em psiquiatria como depressões ansiosas, em que existe ideação depressiva embora o indivíduo atue de forma ansiosa.

O exemplo que se observa na prática é o do paciente que apresenta uma história de indivíduo tipologicamente depressivo, que durante a entrevista demonstra sintomas de afeto e pensamentos negativos, pensamentos sem projeção para o futuro ou de autocomiseração e destruição, mas que apresentam nessa ocasião um comportamento ansioso, observável pela entonação de voz, gesticulação etc.

A nosso ver, a tipologia está relacionada topograficamente com as vias e as inter-relações do SNC utilizadas por um determinado indivíduo, enquanto que a ansiedade e a depressão estão relacionadas com a velocidade com que essas vias são utilizadas.

3. PSICOSE MANÍACO-DEPRESSIVA

Essa enfermidade ainda não tem uma etiopatogenia bem conhecida, parecendo existir tanto fatores endógenos quanto ambientais no aparecimento dessa patologia.

Do ponto de vista de distribuição bioenergética, acreditamos que na PMD haja um processo orgânico disparador ou freador do ritmo. Assim, os quadros maníacos, por exemplo, consistiriam numa alteração do mecanismo cerebral que regula o ritmo, fazendo com que o cérebro dispare provocando no indivíduo um ritmo acelerado. No caso das melancolias, por outro lado, existe uma diminuição considerável do ritmo, como se o indivíduo tentasse parar o tempo. É possível que esta diminuição seja um processo difuso. O processo ou o "marca-passo" que regula o ritmo, se assim pudéssemos dizer, está alterado. As medicações atuariam, provavelmente, no sentido de novamente regular esse ritmo cerebral.

Esse mecanismo regulador do ritmo parece estar no nível das sinapses, que à semelhança dos nós do computador, são estruturas que distribuem a energia bioelétrica pelo SNC. Funcionam como interruptoras ou condutoras das mensagens pelos neurônios através dos mediadores químicos que hiperpolarizam ou despolarizam a membrana pós-sináptica.

Sabemos que o potencial da ação pode ser subliminar, liminar ou supraliminar. Nas duas últimas possibilidades a mensagem passará de um neurônio a outro. No caso de o potencial ser subliminar, poderão chegar à sinapse entre esses neurônios várias cargas bioelétricas que irão despolarizar ou hiperpolarizar gradativamente a membrana pós-sináptica, possibilitando ou inibindo a passagem da mensagem, num tempo maior ou menor. Esse fenômeno, denominado de somação, possibilita a compreensão das alterações de velocidade com que as cargas bioelétricas percorrem o SNC.

Qualquer mecanismo que altere o limiar da membrana póssináptica altera o ritmo da passagem das mensagens. À medida que o limiar aumente, o ritmo do indivíduo diminui, e ao contrário, à medida que o limiar diminui, o ritmo de passagem da mensagem aumenta.

As substâncias que exercem ação sobre a PMD atuam sobre os mediadores químicos sinápticos, alterando o limiar de polarização das membranas pós-sinápticas.

Do ponto de vista comportamental, o indivíduo realiza suas ações em ritmo mais lento ou mais acelerado. O mesmo ocorre ao nível da ideação.

Acreditamos que nos casos de ansiedade e de depressões existenciais e neuróticas, também haja alterações do limiar nas membranas pós-sinápticas com alterações do ritmo, mas, em grau menor do que na PMD.

4. ESQUIZOFRENIA

Na esquizofrenia, acreditamos que também ocorram problemas bioelétricos ao nível das sinapses. Neste caso, a alteração não é uma inibição no limiar da mensagem ao nível das sinapses, mas uma alteração que desvia a mensagem do seu trajeto pelo circuito neuronal preferencial. Com isto, a mensagem toma um caminho diferente, estimulando outras sinapses e desencadeando outros circuitos neuronais, que se somam ao anterior. Assim, por exemplo, uma pessoa querida do paciente, durante o episódio psicótico, pode tornar-se totalmente indiferente para ele. Em tal caso, a pessoa querida estimula certos grupos de neurônios que normalmente desencadeiam uma resposta afetiva favorável no paciente, mas, no meio do trajeto, se essa mensagem se desviar do circuito preferencial, irá estimular outros neurônios, dando outro tipo de resposta, como o de indiferença acima citado.

Nesse caso, provavelmente há o estabelecimento de um "shunt" entre dois circuitos preferenciais. Um estímulo A que normalmente iria dar uma resposta A, desvia-se para um circuito preferencial B, dando resposta B. (Fig. 3.7)

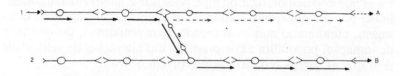

Fig. 3.7 — 1. Circuito neuronal preferencial A; 2. — Circuito neuronal preferencial B; 3. "Shunt".

Acreditamos que na psicose esquizofrênica existam fatores que alteram a "memória sináptica", desviando a mensagem do seu trajeto pelo circuito preferencial. Os circuitos preferenciais são os elementos primários das programações cerebrais. Qualquer alteração na "memória sináptica" pode alterar os programas biológicos. No caso dos esquizofrênicos é comum observar-se "misturas" de programas ideativos.

O mecanismo que provocaria o desvio da mensagem ao nível das sinapses ainda não é bem conhecido. Existem substâncias que produzem sintomas psicóticos, como por exemplo, ácido lisérgico. Por outro lado, os tratamentos biológicos e medicamentosos produzem remissão total ou parcial desses sintomas.

Do ponto de vista psicoterapêutico, cremos que o reforçamento dos circuitos preferenciais seja um dos fatores que dificultem o estabelecimento de "shunts" entre circuitos preferenciais distintos, minorando o aparecimento dos estados confusionais e conseqüentes comportamentos estranhos. Conforme o número de "shunts" seja maior ou menor, as características tipológicas do paciente se conservarão em grau respectivamente menor ou maior durante o episódio psicótico.

Além do mecanismo de "shunt" acima descrito, acreditamos que exista outro igualmente importante na instalação dos sintomas esquizofrênicos. Qualquer fator que diminua os processos inibitórios do SNC pode provocar ativação espontânea de circuitos neuronais, que normalmente deveriam estar inibidos, estabelecendo um quadro confusional (ver Papel da Ação na Atividade Psíquica). Neste caso, visamos na terapia fazer com que o SNC recupere seu poder inibitório fisiológico. Além dos tratamentos biológicos e medicamentosos, acreditamos que a psicoterapia possa auxiliar fazendo com que o paciente tenha sua atenção fortemente ligada a um estímulo ambiental. De acordo com Maxwell Jones deve-se ativar o paciente esquizofrênico o maior número possível de horas durante o dia.

A nosso ver, os dois mecanismos citados: estabelecimento de "shunts" e reativação de circuitos por queda dos fatores inibitórios, explicam pelo menos em parte, os sintomas de primeira ordem da esquizofrenia.

Quanto aos sintomas de segunda ordem: alucinações, delírios etc., aparecem à medida que o doente incorpora essas novas vivências como uma nova dimensão de sua personalidade. O delírio, por exemplo, observado do ponto de vista de distribuição bioenergética é um conjunto de circuitos neuronais em atividade, que produz uma inibição no restante do SNC (ver Papel da Ação na Atividade Psíquica). Essa inibição clinicamente se traduz por uma diminuição dos sintomas primários do paciente. O delírio é, pois, nesta maneira de ver, uma forma fisiológica de o SNC reorganizar a distribuição bioenergética. O delírio passa a ser necessário para tirar o paciente da sensação caótica em que se encontrava.

Entretanto, se ao invés do delírio, pudermos reativar fortemente os circuitos bioelétricos preferenciais, através de psicoterapia, terapia ocupacional etc., aumentaremos os fatores inibitórios de forma adequada, melhorando a sintomatologia do paciente.

A possibilidade de novos percursos a partir da sinapse é praticamente infinita, se considerarmos que o cérebro humano possui bilhões de neurônios e que estes têm vários dendritos que possibilitam a intercomunicação com vários outros neurônios. Não existem dois indivíduos psiquicamente iguais, nem dois psicóticos iguais; no entanto, esses distúrbios de comportamento são agrupados segundo certas características comuns: distúrbios de afetividade, pensamento etc., mais para a orientação dos profissionais que trabalham com o doente mental.

Atualmente, não se pode falar em cura definitiva, mas, a melhora parcial ou total dos sintomas, através das medicações pode favorecer uma abordagem psicoterapêutica, social ou ocupacional. Na etapa em que nos encontramos do conhecimento dessas doenças, são os tratamentos medicamentodos ou biológicos mais a psicoterapia (no sentido amplo da palavra) o que se pode oferecer a esses pacientes.

Nas crianças pequenas, os circuitos preferenciais ainda não estão bem estabelecidos e é freqüente o aparecimento de "shunts" com a reativação de circuitos que nada têm a ver com a ação que se desenrola comportamentalmente. Por exemplo, se tomarmos um objeto qualquer como uma almofada e dissermos que se trata de um animal, a criança, em breve, passará a jogar como se o animal existisse. Os estímulos emitidos pela almofada, embora presentes no jogo, não adquirem força no Sistema de Experiência Consciente.

Entretanto, já existem circuitos preferenciais porque, caso contrário, após cessada a brincadeira, a criança não conseguiria se reorganizar socialmente. À medida que a criança cresce, os circuitos preferenciais se tornarão mais fortes e torna-se menor a possibilidade destes tipos de jogos.

5. PSICODRAMA E SINTOMAS PSICOSSOMÁTICOS

O psicodramatista usa uma técnica e metodologia próprias, que o distinguem de outros psicoterapeutas, bem como cria conceitos e teorias que o ajudam a compreender a psicopatologia em seus múltiplos aspectos.

Neste livro procuramos levar o leitor a pensar nos problemas psicopatológicos do ponto de vista do drama (ação), que o indivíduo usa para relacionar-se com os outros e com o seu meio.

No caso dos sintomas psicossomáticos, costumamos relevar dois tipos de raciocínio, que nos ajudam a compreendê-los, bem como a atuarmos terapeuticamente.

No primeiro raciocínio, entendemos que para o indivíduo agir, ele necessita preparar-se para a ação de acordo com os objetivos que quer atingir, com os meios utilizados para alcançá-los e com a forma e o ritmo a serem empregados para que o ato seja bem-sucedido.

Nessa preparação, o indivíduo retira da memória as experiências e conceitos aprendidos sobre a ação. Alguns tipos de educação ensinam ao indivíduo ser ativo, forte e rápido para superar os obstáculos que a vida lhe impõe; outros, ao contrário, ensinam ao indivíduo a esperar e a deixar que as coisas se modifiquem.

No primeiro tipo, que prepara o indivíduo para a luta, há predomínio do sistema simpático: taquicardia, taquipnéia, hipertensão arterial, insônia, vasodilatação periférica, diminuição do peristaltismo do trato digestivo. Esses sintomas são encontrados freqüentemente em indivíduos ansiosos, que a nosso ver apresentam uma aceleração do ritmo e disposição para a luta, constituindo uma síndrome de sintomas psicossomáticos advindos dessa adaptação do organismo com predomínio do sistema simpático (ver Conceito de Ansiedade e Depressão).

No segundo tipo, ocorre o inverso, com sintomas do tipo: hipersônia, indisposição para movimentos, hipotensão, constipação intestinal (do tipo flácido), bradicardia, sudorese fria, com predomínio do sistema parassimpático.

Além dessas síndromes encontradas muito freqüentemente em pacientes que recorrem à psicoterapia, há aqueles que apresentam um sintoma específico como, por exemplo, cefaléia. Nesse caso, acredito que o raciocínio para compreendermos o que se passa com o paciente, baseia-se no conhecimento explanado no item "O papel da ação na vida psíquica", em que o psiquismo só tem possibilidades de tornar experiência consciente a um número limitado de circuitos bioelétricos por vez.

Naquele capítulo, explicamos que, quando um ponto do SNC está estimulado, ocorre uma onda de indução negativa sobre as áreas circunvizinhas. No caso de um sintoma psicossomático específico, o paciente estando com a sua atenção voltada ao sintoma, estará evitando enfrentar outras situações difíceis. É possível que ao nível do SNC estejam ocorrendo reverberações nos neurônios que regulam o funcionamento de certos órgãos, provocando o sintoma psicossomático específico. Exemplo: no caso de um indivíduo que sofre de gastrite, haverá um aumento de secreção gástrica, provavelmente por um excesso de atividade dos neurônios que regulam esta função (reverberação).

No caso do exemplo em que o paciente apresenta cefaléia, a preocupação dele com este sintoma e a maneira como os outros se comportam em relação a ele quando está com cefaléia, fazem com que o paciente não atue sobre outros problemas difíceis. Dito de outra forma, acreditamos que todo sintoma neurótico apresenta uma "vantagem" secundária e que o indivíduo só perderá o sintoma quando conseguir obter essa "vantagem" de outra forma mais satisfatória.

Do ponto de vista cerebral, os circuitos cerebrais que regulam determinadas funções, por exemplo, vascularização do crânio, estão em reverberação, inibindo outros circuitos ideativos conflitivos.

Quanto à conduta terapêutica, o Psicodrama deverá preocupar-se com o paciente em sua interação com o meio ambiente, com as pessoas que o cercam, e com a interação consigo mesmo (autoplatéia), pois, uma vez tendo atuações mais adequadas e premiadas pelo ambiente, os sintomas desaparecem automaticamente, quer nas síndromes do simpático e parassimpático, quer nos sintomas específicos que atuam como "fuga" de outros problemas. A nosso ver, não se deve procurar encontrar um significado simbólico, ou uma linguagem de um determinado sintoma, pois isto pode levar o indivíduo a reforçar o sintoma psicossomático.

O diretor poderá criar situações dramáticas em que o sintoma apareça e, com isto, descobrir as vantagens secundárias que o sintoma psicossomático esteja trazendo ao paciente.

Além desse proceder, alguns terapeutas pedem ao protagonista que crie imagens dos órgãos relatados na queixa psicossomática. Neste caso, os comentários do grupo e da equipe terapêutica devem levar em consideração as características tipológicas do protagonista, para que a atenção sobre o sintoma seja voltada para a vida de relação do paciente. Todo o sintoma psicossomático deverá ser visto dentro do conjunto de vida do protagonista.

Exemplo: No caso de um paciente histérico, que esteja construindo uma imagem do órgão afetado, verificaremos a sua maneira de fazê-la, os comentários que ele próprio faz sobre o seu trabalho, o ritmo em que a realiza e a reação do grupo à imagem construída. No caso dessa patologia, o paciente poderá começar a se sentir mal ao fazer a imagem. Nesse caso, mostraremos a importância que ele dá ao "sentir", e como é sugestionável aos estímulos do meio ambiente, no caso a própria imagem que construiu e aos comentários do grupo.

CAPÍTULO IV

MANEJO DAS TIPOLOGIAS E PATOLOGIAS

Em Psicodrama temos uma forma particular de manejar psicoterapicamente as patologias. Quando falamos em tipologia e patologia estamos nos referindo ao "computador" que as determina. A patologia seria provocada pela acentuação das características desse "computador".

Pavlov ao estudar o SNC procurou explicar as quatro tipologias básicas, descritas por Hipócrates:

Colérico, Fleumático, Sanguíneo e Melancólico.

A forma, porém, como Pavlov explicou as diferentes tipologias é diferente da nossa. Para Pavlov as tipologias referem-se a diferentes tipos de SNC, fortes e fracos. O mais forte seria o do Colérico, em segundo lugar o do Fleumático e depois o do Sanguíneo. O Melancólico seria o indivíduo que teria o SNC mais fraco. Este conceito de forte e fraco está ligado ao conceito pavloviano de excitação e inibição.

No nosso conceito o problema não está ligado ao aspecto de SNC mais forte ou menos forte, mas sim à forma como o indivíduo codificou determinadas experiências, embora existam certos fatores constitucionais. Para que possa ser passível de correções psicoterapêuticas é necessário que consideremos os fatores adquiridos, ou melhor dizendo, as circunstâncias que envolveram um determinado indivíduo para que ele tenha desenvolvido uma ou outra tipologia. Nossa classificação de quatro tipologias — paranóide, histérico, obsessivo e depressivo, que já citamos anteriormente estaria basicamente ligada aos programas aprendidos pelo indivíduo na formação do seu "computador", além de ter aprendido também o ritmo de seus pais ou pessoas que influenciaram sua vida — ritmo mais acelerado, do tipo ansioso, ou mais lento, do tipo depressivo. Quanto à maneira como foi educado para atuar sobre o mundo ou sobre as pessoas, o indivíduo pode ser do tipo mais ativo e agressivo ou do tipo mais passivo, e aí teremos também a origem das psicopatias, como descrevemos anteriormente.

Desta maneira, a forma de curarmos psicoterapeuticamente um indivíduo de determinada patologia, consiste basicamente em mudar certas características de sua computação. Assim, aumentar as possibilidades dessa computação ou alterar certos circuitos bioelétricos preferenciais que estariam formando circuitos fechados e estáticos dentro do computador (reverberação).

A nosso ver a psicoterapia consiste basicamente em duas etapas. A primeira é a redução dos excessos, ou seja, a cura dos sintomas, diminuindo o funcionamento, em excesso, de certas áreas do computador. A segunda é a substituição de alguns circuitos bioelétricos preferenciais, aumentando e modificando a sua forma de computar e programar os dados. Na primeira etapa, quando reduzimos a sintomatologia estamos tirando o indivíduo do quadro agudo e fazendo com que ele permaneça só com a sua tipologia. Depois temos de atuar sobre a tipologia para que a cura seja duradoura.

A partir desta introdução vamos então mostrar como tratamos das diversas patologias.

1. MANEJO DA TIPOLOGIA E PATOLOGIA HISTÉRICA

Neste caso os sintomas quase sempre são muitos exuberantes e muito evidentes.

O histérico é o paciente em Psicodrama que mais freqüentemente surge como protagonista. Quando falamos em protagonista tem-se a idéia de um indivíduo que emerge de um conjunto de acontecimentos grupais. Porém, não são todos os indivíduos que emergem em uma dinâmica de grupo, mas o histérico quase sempre sim. É o indivíduo que chama a atenção sobre si — queixa-se que está passando muito mal ou diz que algo comentado no grupo fê-lo sentir-se angustiado, ou começa a chorar e em alguns casos pode começar a desenvolver paralisias ou outros sintomas conversivos.

Se trouxermos o protagonista ao palco, devemos criar dramatizações onde possamos aumentar os sentimentos que o indivíduo está trazendo. Por exemplo, se for um paciente fóbico há que fazer com que ele mostre essa fobia no palco, criando uma situação imaginária na qual se desenvolva a fobia e nos seja permitido ver, através desta, a intensidade do "sentir" desse indivíduo. Assim, se o paciente tem uma fobia por elevador, por exemplo, podemos criar uma situação na qual ele esteja dentro de um elevador, cujas paredes sejam formadas por pessoas do grupo. Este indivíduo começa, assim, a ter um crescendo de sensação desagradável. Se tivermos como protagonista um histérico, do tipo conversivo, devemos fazer com que este paciente tenha uma dramatização na qual se deu determinada crise, pois é muito comum que a crise se repita. Se for um histérico que desmaia, ao repetirmos a cena em que houve o desmaio, ou ele desmaia repetindo a crise conversiva no palco, ou foge de cena com muito medo de que venha a ocorrer novamente.

Falando agora da psicopatia histérica, podemos criar situações sociais nas quais o indivíduo esteja atuando de uma forma histérica, invadindo histericamente. Imaginemos, como exemplo, uma situação de casal na qual o homem é o protagonista. Ele sempre invadirá a esposa apelando para o seu sentir. Fará coisas que a desagradam dizendo que isto é uma necessidade do seu "sentir".

Uma vez que fiquem demonstradas claramente no palco emoções violentas como as de fuga, desespero, choro, tristeza ou sintomas psicossomáticos, a cena pode terminar e se dará início à fase de comentários. Nesta fase o grupo relatará tudo o que achou da dramatização.

Nesta altura, há a considerar algo muito importante, que é o referencial teórico do terapeuta, pois se este tiver um referencial teórico de que basicamente o que caracteriza o histérico é a valorização que ele dá aos seus sentimentos, poderá fechar a dramatização e os comentários do grupo em função desse aspecto do problema. Curiosamente o que ocorre na dramatização do histérico é que ele sente demais, tudo é sentimento em excesso, numa contínua valorização desse "sentir". Quando esta situação é dada a conhecer a esse tipo de paciente, faz com que ele comece a desenvolver um papel no grupo, pois o grupo todo passa a perceber que ele é um indivíduo que julga que sente muito, ou melhor dizendo, que se auto-rotula como uma pessoa que sente demais. Com o parecer do terapeuta, começa a perceber que muitos dos sintomas que tem estão relacionados com esse aspecto.

Esta tônica sobre o "sentir" deverá continuar também quando tratamos a situação de tipologia. Mesmo sem a presença dos sintomas, continuamos enfatizando que o indivíduo freqüentemente se autodefine como sentindo demais, para que comece a perceber as vantagens e desvantagens que tem esse tipo de comportamento na sua vida social e diária.

É muito freqüente o histérico apresentar um grande número de sintomas psicossomáticos. Estes sintomas também, quando dramatizados, por exemplo, sob a forma de imagens, passam do mesmo modo a ser intensamente sentidos. Imaginemos, por exemplo, que o indivíduo tenha náuseas freqüentes. Ao pedirmos que ele construa uma imagem do seu tubo digestivo alto, que represente a náusea, ele é capaz de senti-la ao construir o estômago e o esôfago. Basicamente o excesso de "sentir" é a tônica desses pacientes.

A forma de o terapeuta atuar sobre o indivíduo com esta tipologia é de alguma maneira mostrar que o sentimento é algo importante, mas não pode ser simplesmente a lei. Ele não pode instituir o seu sentimento como lei, pois sentir é algo subjetivo e que não se vê. Nas relações humanas podemos dizer que sentimos isto ou aquilo, mas o outro não vê o que sentimos. Temos de mostrar, assim, que o excesso de "sentir" não pode se tornar lei, nem o mundo pode ser mudado em função do próprio sentimento.

O auge da dificuldade de comunicação desses pacientes é quando eles começam a sentir o que o outro sente, pois aí entram dois fatores subjetivos. Primeiro, ele sentir o que o outro sente, e segundo, querer analisar algo que não é passível de ser visto no outro. Esses são problemas muito sérios de comunicação.

O terapeuta deve ter esses aspectos bem claros para conseguir desvalorizar no paciente esta auto-imagem distorcida de que sente demais. Isto pode ser feito através de questionamentos, colocando certas incoerências nesta maneira de ver as coisas, ou desvalorizando esse aspecto com um tipo de brincadeira, ou fazendo com que o grupo ataque este ponto, para de qualquer maneira minorar esta auto-imagem que o histérico tem do seu sentir.

2. MANEJO DA TIPOLOGIA E PATOLOGIA OBSESSIVA - COMPULSIVA

Parece-nos que no caso desta tipologia a computação gira sempre no sentido de o indivíduo tentar ter certeza de tudo. Este é o indivíduo que busca controlar todas as variáveis de uma determinada situação. Isto pode ser feito de maneira produtiva ou em excesso.

Uma tipologia produtiva seria o caso de um indivíduo que, numa empresa, por exemplo, procura ver todos os prós e contras, além de todas as possibilidades de seu ambiente, trabalhando com esses dados.

No caso de patologia, o indivíduo tenta ter um controle de todos os dados, mesmo em coisas que não são passíveis de controle, como por exemplo, em relações humanas e grupais, em que não se utiliza o mesmo método matemático e físico de controle. Quando o indivíduo está se relacionando com ciências como matemática, física, química e biologia, o controle de todas as variáveis se torna mais possível porque o campo de estudo é separado do observador. Assim, se um biólogo está ao microscópio vendo uma bactéria, esta se comporta sem a influência do observador.

No que se refere às relações humanas, o indivíduo não pode adotar uma posição neutra, por pertencer ao campo, pois está interagindo com o outro. Exemplifiquemos com uma situação de pai e filho, onde o pai é obsessivo. Este pai não pode querer explicar todas as variáveis de um determinado ato do filho, sabendo que aquilo que ele fala é um fator muito importante para o filho. Ele não é um observador objetivo, pois está envolvido com o filho. Quando fala, não basta que use todos os argumentos corretos para que o filho passe a atuar bem. Não pode ser objetivo em razão de que sua simples presença, sua entonação de voz são fatores extremamente importantes e muito difíceis de controlar, pois está atuando como um todo e não simplesmente como um cérebro ou como um computador.

No caso das patologias, para o obsessivo o problema começa a surgir quase sempre nas relações humanas, pois é aí que ele tem maiores dificuldades visto não poder controlar todas as variáveis, como já vimos.

Quando o obsessivo está funcionando em excesso, é, em geral, um indivíduo que fala muito e sempre com pensamentos alternativos e probabilísticos, tornando-se por isto incômodo. Nas relações humanas, em conseqüência, tem problemas, pois quando conversa com outra pessoas, esta nunca pode falar algo correto porque ele sempre levanta uma outra possibilidade ou uma argumentação que faz com que a afirmação do outro não seja totalmente certa.

Com relação ao que dissemos, recordamo-nos de um indivíduo com quem participamos de algumas reuniões. Quando todo o grupo estava já decidindo alguma coisa, ele levantava uma nova hipótese que fazia com que todos começassem a verificar a validade do novo aspecto. Ocorreram ocasiões em que todos, unanimemente, concordaram com a nova idéia, mas quando se estava para adotar essa sugestão ele retornava à primeira hipótese. Assim, este indivíduo se tornava inadequado e era muito difícil trabalhar com ele, pois as coisas se tornavam muito complicadas. É bastante difícil pensar sempre em situações alternativas e probabilísticas.

A patologia básica do obsessivo-compulsivo ou são as obsessões ou são as compulsões, os rituais.

A obsessão, segundo Pavlov, seria uma área de excitação cerebral estática, que não se modifica — aquele conjunto de células permanece sempre excitado. Como existiria uma área forte excitável, esta provocaria uma indução negativa nas células que a rodeiam. Esta indução negativa apaga o pensamento alternativo e probabilístico. É então, um mecanismo de defesa no qual a indução negativa minora esse pensamento alternativo e probabilístico. O curioso das obsessões é que elas continuam demonstrando o pensamento alternativo e probabilístico do paciente. Assim, um paciente que ache que tem câncer, se o grupo começar a concordar com essa idéia, ele passará a apresentar argumentos contrários, e se o grupo tenta convencê-lo de que não está com câncer, o paciente exporá todos os argumentos comprovando sua obsessão.

No caso do ritual, o processo é semelhante. O indivíduo tem uma seqüência de comportamentos, que produz também o excitamento de um grupo de células que, por sua vez, provoca uma indução negativa, inibindo assim o pensamento alternativo e probabilístico.

É em vista disto que estamos falando que o básico da patologia do obsessivo é o pensamento alternativo e probabilístico, que ocorre tanto na tipologia como na patologia.

Nas patologias, o obsessivo em um grupo de Psicodrama é um indivíduo que, em geral, tem vergonha de falar sobre os seus sintomas e, quando fala, fica numa atitude um tanto hostil em relação ao grupo. É como se fosse desnecessário falar porque não adiantaria nada.

Quando se dramatiza a patologia ele tenta, de alguma maneira, obstaculizar a ação do terapeuta, provavelmente porque a redução do sintoma provoque o pensamento alternativo e probabilístico em tal intensidade que se torna incômodo.

Tivemos em um grupo, um paciente adolescente que tinha um incrível ritual. Ao tomar água ficava olhando para o copo durante vários minutos, verificando se não havia dentro algum caco de vidro. Ao urinar, desabotoava as calças sem encostar de maneira alguma nos genitais e também limpava em excesso suas mãos. Este indivíduo, no grupo, ficava sempre quieto e interferia muito pouco. Quando revelou este material e nós o fizemos dramatizar, tentou colocar obstáculos de diversas maneiras e insistiu várias vezes dizendo que aquilo era ridículo. Forçando a sua dramatização nesses rituais, apareceu então a característica desse indivíduo, e quando começou a melhorar desses rituais, passou a argumentar de uma forma alternativa e probabilística impressionante. Falando com os outros, cada vez que alguém afirmava algo, ele sempre apresentava uma hipótese contrária. O grupo tornou-se muito violento com ele, e alguns componentes quiseram, inclusive, sair do grupo ou forçar a saída desse paciente. No momento em que lhe foi demonstrado esse pensamento alternativo, ele passou a se observar melhor e cuidar de não fazer tantas objeções, nem colocar tantas dúvidas.

Na tipologia, devemos mostrar que o pensamento alternativo e probabilístico pode ser útil, mas que nas relações humanas quase sempre existe uma quantidade imponderável de fatos. Devemos também mostrar que nem sempre esta maneira é a mais correta e a mais inteligente, pois é comum o obsessivo ter certa vaidade de sua inteligência, julgando que pensa em tudo e que é bem objetivo.

O terapeuta, assim, deve também atuar no sentido de minorar a situação, desmoralizando um pouco esta faceta da sua auto-estima em que o obsessivo tem de se julgar um indivíduo muito objetivo, porque pensa em tudo. Pensar em tudo é importante, mas o drama desses indivíduos é que assim fazendo eles têm uma queda do pragmatismo.

Com relação aos sintomas psicossomáticos, se pedirmos a construção de uma imagem, freqüentemente esses pacientes apresentam grande dificuldade em realizá-la, pois não gostam de fazer coisas que não conheçam bem, sentindo-se ridículos ao criar algo que não seja bastante objetivo. Em segundo lugar, terão muita dificuldade de agir porque nunca têm certeza do que estão construindo. Se insistirmos bastante, eles acabarão por construir e a característica dessas dramatizações, muito notada pelo grupo, é o ritmo lento como são feitas, em razão de julgarem que devem realizar todas as coisas que fazem de uma maneira muito precisa.

Uma característica não muito citada na literatura psiquiátrica e que temos observado freqüentemente na prática, é a invasão do obsessivo com relação às outras pessoas, o que vamos denominar de psicopatia obsessiva.

Psicopatia porque ele invade o "outro" com pensamentos alternativos e probabilísticos. Este quadro lembra muito as descrições de psicastenia na literatura clássica. São indivíduos que sempre colocam dúvidas e começam a invadir o "outro" com essas dúvidas. Quando vêm ao consultório, chegam dizendo não saber se aquilo vai dar certo e falam muito. Quando o médico fala, ele refuta, e se for receitado algum medicamento, diz que acha que não vai adiantar nada, mas vai tomar. Atua sempre no sentido de colocar situações alternativas. Por exemplo, se reclama que o medicamento está-lhe fazendo mal e o médico manda que suspenda, imediatamente pergunta se assim não vai piorar. Sempre pensa levantando a alternativa oposta.

O que chama também a atenção nesta tipologia é o fato de estes indivíduos não apresentarem grandes emoções. Esses tipos não ficam extremamente angustiados ou deprimidos e é raro apresentarem-se muito alegres ou tristes. As emoções se mantêm sempre dentro de uma determinada faixa. Raramente choram, e esta é uma característica bastante interessante nas dramatizações com indivíduos desta tipologia, que tendem assim a ficar monótonas pela pouca flutuação de afetividade. A sessão permanece sempre numa mesma tonalidade e é muito importante, por esta razão, que o terapeuta, ao dirigir uma sessão com protagonistas obsessivos, esteja de muito bom humor para evitar que ao final dessa sessão, tanto ele como o grupo se tornem um tanto agressivos com relação ao paciente. Esta característica deve ser compreendida pelo terapeuta, pois sabendo que esta situação vai se manter durante toda dramatização, ele deverá trabalhá-la tranqüilamente.

3. MANEJO DA TIPOLOGIA E PATOLOGIA PARANÓIDE

O que caracteriza esta tipologia é quase que o oposto daquilo que caracteriza a tipologia obsessiva.

Aqui, o indivíduo não raciocina tanto com pensamentos alternativos e probabilísticos, mas com certezas, pois ele acredita demais nas suas idéias. Cria um esquema lógico e este adquire características de verdade. São indivíduos que ao falar o fazem com convicção e entonação agressiva.

Nas patologias, quando o indivíduo está em campo tenso, este comportamento pode chegar a extremos. Assim, se o grupo em que ele esteja discordar de uma opinião sua, ele é capaz de argumentar, até brigar e lutar com o grupo. São indivíduos que ao defender suas idéias o fazem com tanta veemência que podem chegar a discussões violentas e até a desforços físicos. O seu pragmatismo está quase sempre aumentado, pois como acredita muito naquilo que está pensando, o atuar é uma conseqüência — ele acredita, automaticamente faz. O ato é uma conseqüência da sua verdade, pois, não tendo dúvidas, age com muita força à procura dos seus objetivos. Com freqüência esses indivíduos sentem-se perseguidos, pois, como para eles as suas idéias são muito claras e verdadeiras, qualquer indivíduo que não as aceite ou as questione está contra eles.

Na patologia paranóide podem ser cometidos atos muito agressivos à sociedade, na crença de que estes atos são os corretos. Assim, por exemplo, se o indivíduo imagina que todos são falsos quanto à sexualidade, pode tornar-se inconveniente em qualquer ambiente de que participe, pois, com o objetivo de chocar, pode contar piadas fortes e agir grosseiramente. Se alguém se manifesta contrariamente às suas atitudes retruca, violentamente, tentando mostrar que esta manifestação de desagrado é por hipocrisia e que ele é autêntico e verdadeiro, pois fala o que pensa enquanto os outros não.

O tratamento consiste basicamente em conseguir fazer com que o indivíduo não tenha tanta certeza do que pensa. Seria um processo inverso ao do obsessivo, isto é, fazer com que ele fique imbuído um pouco de pensamentos alternativos e probabilísticos, para que, antes de atuar, comece a colocar a alternativa oposta do que pretende fazer.

Em uma dramatização com protagonista paranóide, se deixarmos a sessão transcorrer naturalmente, podem surgir situações muito violentas. Por exemplo, é o caso de um indivíduo que está discordando da atitude de seu superior. Ao discutir com o chefe, este diz que, ou ele se submete às suas ordens ou será mandado embora. O indivíduo se torna cada vez mais violento e afirma que não vai se submeter a nada e que a verdade tem de ser dita. Se o chefe retrucar ele o ataca cada vez mais violentamente, qualificando-o de incompetente, injusto e desonesto, podendo chegar até à agressão física. Esta situação pode ocorrer na dramatização, pois ao dramatizar, a cena passa a ser tão verdadeira para ele que o ego-auxiliar ou outra pessoa que esteja fazendo o papel de chefe adquire uma conotação real. O protagonista pode, assim, ir se tornando cada vez mais agressivo e poderia ocorrer na dramatização a agressão física. O terapeuta, neste ponto, deve intervir fazendo com que o protagonista tente descobrir se existe outra maneira de agir com este chefe e atingir os objetivos iniciais que o levaram a ir conversar com ele. Quando o paciente levantar esta hipótese, fazemos novamente a dramatização, mas agora com ele agindo de uma outra maneira. Se esta forma, escolhida por ele mesmo, for mais adequada, o terapeuta, juntamente com o grupo, deverão mostrar e reforçar este comportamento mais adequado. Se ele não conseguir a outra hipótese, podemos pedir que algum outro elemento do grupo sugira uma outra forma de agir, para que ele tenha uma atitude alternativa frente ao chefe.

É desta maneira que o indivíduo começa a pensar alternativamente. O campo se abre e ele passa a funcionar não só de forma quase automatizada como fazia, mas também de outras formas. Isto o tranqüiliza bastante e aumenta muito sua eficiência.

Quando estes indivíduos diminuem seus sintomas paranóides, aparece a tipologia, que é igual ao que foi descrito até aqui, mas minorado. Assim, é o indivíduo que sempre fala com muita certeza, que tem tendência a aceitar desafios e mostrar a sua força.

No tratamento da tipologia, deve-se mostrar exatamente que essa sua característica de personalidade pode levá-lo a aceitar desafios que não lhe trazem vantagens e que a sua demonstração de força nem sempre é necessária, assim como a sua demasiada atividade é muito cansativa. Nem sempre é preciso ser assim, já que, às vezes, vale a pena ser mais passivo e deixar que as coisas aconteçam naturalmente, o que pode trazer um grande bem-estar.

É curioso notar-se que este tipo de paciente dificilmente se queixa de sintomas psicossomáticos. Para eles estes sintomas são demonstrações de fraqueza, e problemas psicológicos são para indivíduos fracos que não sabem o que querem, e eles desprezam a fraqueza, gostando de exibir a sua força. O psicológico para eles é pouco importante e valorizam os indivíduos fortes como eles próprios. Quando porém estes sintomas ocorrem, quase sempre estão relacionados a um aumento do peristaltismo intestinal; ou ao sistema cardiocirculatório (taquicardia e hipertensão).

O maior problema dos paranóides é que eles usam excessivamente a luta, e poucas reações de fuga. O que devemos transmitir de alguma maneira a estes indivíduos, é que fugir pode ser em certas circunstâncias tão ou mais inteligente do que lutar, principalmente quando a desigualdade é muito grande e não há nenhuma possibilidade de vencer. Quando estes indivíduos estão doentes, são capazes de lutar, mesmo estando em grande inferioridade de condições. Analogicamente, o touro é um animal que ataca sempre. Ao contrário dos felinos, que quando se sentem em perigo fogem. Por isso existem as touradas, e não "onçadas", ou "tigradas".

4. MANEJO DA TIPOLOGIA E PATOLOGIA DEPRESSIVA

Nesta tipologia a característica básica é a supervalorização que é dada ao outro. As outras pessoas adquirem uma importância muito grande para estes tipos e isto pode acontecer em relação aos outros em geral ou a uma pessoa, especificamente.

Estes indivíduos quando usam esta característica em excesso, tornam-se demasiadamente solícitos. Procuram agradar o "outro" de todas as maneiras e com toda consideração, incentivando, estimulando e impulsionando. São capazes de fazer com que o "outro" obtenha mais vantagens do que ele próprio, ao invés de defender seus interesses.

Esse comportamento sendo excessivo, pode chegar a ser intolerável surgindo, então, a crise depressiva. Ele tem decepção com os outros e se deprime. Passa a achar que as pessoas não são aquilo que deveriam ser e tenta isolar-se do mundo, com pensamentos negativistas tais como: "se vale a pena viver", ou "se o mundo e as pessoas são assim, de que vale viver" ou, "o que adianta viver num mundo onde as pessoas não se consideram e não se amam". Ocorrem também pensamentos como abandonar tudo e ir para outra cidade ou país, ou mudar de atividade etc. Em casos extremos surgem pensamentos de morte — "Já que é assim é preferível morrer". Estes excessos quase sempre ocorrem quando na tentativa de agradar o outro, o indivíduo se sente prejudicado, ou rejeitado.

Quando dramatizamos a situação crítica que levou à depressão, o indivíduo tende a mostrar o seu excesso de dedicação ao outro, mesmo que não esteja sendo correspondido. O que caracteriza a dramatização desses indivíduos é que eles não agridem o outro, mesmo que este esteja agindo de maneira bastante desonesta, ou injusta, segundo seu ponto de vista.

Sua conduta é sempre no sentido de fazer com que o outro se sinta culpado, pois ele tenta mostrar sempre uma posição de dignidade — é importante ser dedicado e digno. O outro, assim, pode sentir-se culpado por estar agindo incorretamente com quem é tão digno e correto.

Quando dramatizamos uma situação dessas, o indivíduo passa a raciocinar melhor sobre as suas características de personalidade e freqüentemente tem sua depressão minorada, e aliviada a exacerbação das suas características tipológicas. Desta maneira, a sua preocupação com os outros diminui, pois ele começa a perceber que esta preocupação exagerada pode ser prejudicial a ele mesmo e muitas vezes até ao outro.

Com relação aos sintomas psicossomáticos, verifica-se quase sempre aumento do número de horas de sono, desânimo, hipotensão, inapetência e constipação intestinal.

Quando a dramatização desses sintomas é efetuada, o ritmo é freqüentemente lento e existe uma tentativa de agradar o terapeuta. Continuamente o paciente diz não saber se está fazendo certo, mas procura acertar e não se recusa a colaborar.

Um aspecto pouco salientado na literatura psiquiátrica é o de que o depressivo também pode ser um psicopata, invadindo o outro. Usando um exemplo social, poderíamos citar o caso dos pais cujo filho saiu para ir a uma festa e volta tarde da noite. A mãe, até que o filho retorne, não vai dormir e fica sentada na sala esperando. Esta é uma atitude de extrema invasão à pessoa do filho, pois numa próxima ocasião, o filho depois de determinada hora ficará pensando o tempo todo que sua mãe não irá dormir enquanto ele não chegar. Existe assim, a tentativa de transferir para o outro sentimentos de culpa, sentimentos de que ele tem que frear seus desejos individuais para agradar seus pais.

Em qualquer tipologia, o indivíduo procura ensinar ao outro a ser como ele é. O histérico tenta ensinar o outro a sentir mais; o paranóide procura fazer com que o outro acredite mais no que pensa; o obsessivo tenta ensinar o outro a pensar alternativa e probabilisticamente e o depressivo procura fazer com que o outro seja mais digno e que se frustre para não ferir outras pessoas.

Quando o indivíduo está deprimido, tem uma tendência a permanecer passivo, a achar que não há nada a fazer, pois tudo já foi feito, não havendo mais necessidade de lutar. Há uma queda do pragmatismo. No entanto, quase sempre, na primeira esperança que o outro lhe der, ele se revigora e luta.

Uma característica desses pacientes é que eles podem facilmente ser machucados e magoados pelos outros. Recordamo-nos de uma paciente que relatava o seu relacionamento com o marido, dizendo que ele aos sábados e domingos saía de casa sem dizer aonde ia e voltava muito tarde. Se ela perguntasse a ele onde tinha estado, sua resposta era que aquilo não era da sua conta e que ele não iria lhe dar satisfações de seus atos. Contou-nos também que, todas as manhãs, por exigência dele, ela o acordava às sete horas e ele resmungava e se virava para o outro lado continuando a dormir. Assim, de meia em meia hora a cena se repetia, até que cerca de nove horas ele se levantava e passava a ofendê-la de maneira bastante agressiva, dizendo que ela o estava importunando todo o tempo. Ela, diante de tal situação, não reagia e permanecia em atitude passiva suportando tudo.

Esta atitude aparentemente é fraca e submissa, mas na verdade não é tanto assim. Sua tentativa era a de fazer com que seu marido se sentisse culpado por suas atitudes.

Algo que chama a atenção nestes indivíduos é o fato de se sentirem vaidosos de sua maneira de ser. Vaidade de ser correto e digno, no caso do depressivo. A vaidade, da forma de ser, existe em todas as tipologias e compreende-se, pois o indivíduo vive sempre consigo mesmo e, assim, as melhores pessoas são aquelas que pensam como ele próprio.

Nas diversas tipologias é comum a comunicação visar exercer o seu poder sobre os outros.

5. PSICOSES E MANEJO PSICODRAMÁTICO

É sempre muito difícil em Psicodrama, trabalhar-se com os quadros agudos, sejam neuróticos, psicopáticos ou psicóticos.

Estes quadros, a nosso ver, exigem uma intervenção medicamentosa ou tratamentos biológicos em ambiente hospitalar ou ambulatorial, conforme a intensidade do quadro. Não se deve pensar em tratá-los apenas através do Psicodrama, principalmente porque, na atualidade, as medicações e os tratamentos são muito eficientes para a resolução desses quadros e também porque o manejo nestas condições se torna bastante difícil.

No caso de o surto agudo ocorrer durante uma sessão de Psicodrama, o diretor deverá trabalhar a situação, psicodramaticamente, tentando minar a intensidade do quadro. Caso não consiga, deverá atuar farmacologicamente .

No caso de tratamento com psicóticos, é muito importante que haja um grande número de egos-auxiliares. Cada diretor deve ter no mínimo dois, mas de preferência, trabalhar com um número maior de egos-auxiliares ou pacientes que já não estejam em nível muito grave e possam atuar sadiamente. O aproveitamento destes pacientes, como colaboradores, é possível porque na ideologia do Psicodrama a atuação sobre os psicóticos se baseia na conceituação de que eles possuem áreas psíquicas sadias e o objetivo, então, é o de desenvolver estas áreas.

O que se procura fazer com estes pacientes é que eles comecem a criar vínculos novamente, e assim, no Psicodrama, oferecemos papéis complementares. Isto é o básico do manejo no tratamento com psicóticos, tanto nos quadros agudos como nos crônicos. O psicótico, durante uma sessão, pode, por exemplo, começar a relatar um delírio e o diretor neste momento deve, automaticamente, colocar os egos-auxiliares para fazer o papel complementar do delírio. Moreno, em sua obra, também aborda este aspecto, quando cita o caso de um paciente que apresentou um delírio na qual era um general nazista e foi imediatamente oferecido um papel complementar para interagir com ele.

A importância de se oferecer o papel complementar está em que, num determinado momento, o quadro confusional que o indivíduo apresenta começa a se polarizar em um determinado ponto. O personagem que era imaginado pelo paciente passa agora a existir no papel jogado pelo ego-auxiliar, permitindo que todos os outros elementos do grupo possam observar a patologia desse paciente. Na dramatização com psicóticos, certas características do paciente se é agressivo, se é envolvente ou se apresenta mecanismos de fuga, são também observadas e ditas na fase de comentários, como acontece em qualquer grupo de neuróticos. Após os comentários, quando o diretor deve perguntar ao grupo, se acha que aquilo que aconteceu é verdade, a resposta comumente é que o ocorrido seja fantasia do protagonista. Em geral, os pacientes comentam a dramatização sem tocar no aspecto de ser ou não verdade. O psicótico não percebe a sua psicose, mas pode perceber a dos outros. Em ambiente hospitalar é muito comum, por exemplo, se o outro diz que é Napoleão, ele criticá-lo dizendo que isso é loucura, mas por seu lado, acha com certeza que uma máquina controla a sua própria cabeça.

Esta particularidade da doença mental faz com que fique muito rico o tratamento com estes pacientes, pois ele começam a interagir entre si. Principalmente no caso dos psicóticos que estão hospitalizados, os comentários tendem a prosseguir após a sessão, permitindo uma maior interação, pois em geral estes indivíduos consideram que todos que estão no hospital são loucos, mas não comentam isto com os outros. A sessão serve para polarizar e estimular a interação entre os pacientes hospitalizados.

Ainda com relação às psicoses, podemos dirigir a dramatização até um nível de veracidade da psicopatologia de determinado paciente. Lembramo-nos do caso de um indivíduo que julgava que uma máquina controlava sua cabeça. Pedimos a ele que montasse a tal máquina, usando as pessoas do grupo. Esta era composta de três botões — azul, marrom e vermelho. Cada um desses botões, manejados por cientistas que o estavam usando como cobaia, fazia com que ele tivesse uma determinada emoção e uma conseqüente reação. Colocamos um outro paciente a manejar os botões e quando, por exemplo, era acionado o botão azul, o paciente ficava calmo e se deitava no palco tranqüilamente. A seguir seria apertado o botão marrom e ele imediatamente pedia para que isso não fosse feito, pois com esse botão faria coisas incríveis e quebraria tudo. Com o botão vermelho, dizia que se excitava sexualmente e então passava a abordar as mulheres do grupo, tornava-se galanteador etc. Inicialmente, fizemos com que os botões fossem apertados e, logicamente, tomamos cuidado com o botão marrom. Depois pedimos a ele próprio que apertasse os botões e quando ele o fez vivenciou tudo de maneira bastante intensa. Quando pedimos a ele que apertasse o botão marrom, entrou em estado de pânico, mas após algumas sessões ele o fez, tornando-se terrivelmente agressivo, dando socos e pontapés no ar. Quando tudo terminava, durante os comentários dos outros, ele relatava que tudo aquilo era apenas representação, que estava apenas inventando, mas essa representação era tão intensa que ninguém sabia se ele dizia a verdade. Com a repetição destas cenas, o paciente foi se dessensibilizando progressivamente dos estímulos que desencadeavam essas crises, tornando-se mais sociável no hospital e no grupo, e questionando suas crises de agressividade ou de sexualidade, passou a trazer dados da sua família, do seu relacionamento com a mãe, além de outros da vida real, que poderiam, de alguma maneira, ter tido alguma importância no desenvolvimento da sua doença mental.

É evidente que o enfoque de tudo o que dissemos é do ponto de vista psíquico, pois todas as psicoses provavelmente também tenham um componente orgânico, mas parece que é uma relação orgânica e funcional ao mesmo tempo.

No tratamento psicodramático tentamos, após a melhora dos sintomas mais graves, fazer com que o paciente perceba suas características tipológicas e os momentos em que essas características se tornam improdutivas para ele. Assim, por exemplo, um indivíduo do tipo paranóide, que acredita muito no que pensa, poderá após o desaparecimento do delírio verificar que essa característica de não colocar dúvidas sobre os seus próprios pensamentos, se não serve para explicar toda a sua doença, serve ao menos para fazê-lo perceber uma predisposição para o que ocorreu no surto psicótico.

Em Psicodrama tentamos atuar sobre os aspectos psíquicos da doença, sem porém deixar de atuar também com medicamentos e tratamentos biológicos. A verdade é que este tipo de conduta nos impede de verificar melhor os resultados da psicoterapia sobre os psicóticos, mas não se pode deixar de atuar farmacologicamente, principalmente em quadros agudos, em razão do sofrimento desses pacientes durante as crises.

Um outro paciente que tratamos, durante uma sessão de Psicodrama, repentinamente passou a dizer que iria tirar a roupa e realmente começou a despir-se, até ficar completamente nu. No momento em que ele começou a atuar, tirando a roupa, colocamos imediatamente um ego-auxiliar representando o mesmo comportamento, usando a técnica do espelho. O ego-auxilliar, como se estivesse tirando a roupa ia dizendo: "Vou tirar a camisa, agora vou tirar a calça" etc. Depois que terminou de representar a cena de tirar toda a roupa, demos ao ego-auxiliar a senha para que começasse a se vestir e assim ele ia dizendo: "Bem, agora eu vou me vestir. Vou colocar as meias..." etc. Quando ele começou a falar desta maneira, o paciente repetiu o que o ego-auxiliar dizia, passou a ser o espelho do ego e vestiu-se.

Esses tipos de situações são muito importantes para que o diretor perceba que o quadro agudo necessita de uma atuação muito rápida. O mesmo, por exemplo, com relação a uma crise conversiva, onde deve ser logo oferecido o papel complementar a essa conversão. Assim, por exemplo, o paciente começa a se sentir mal e percebemos que vai desmaiar ou que vai apresentar uma paralisia, deve-se, de imediato, colocar o ego-auxiliar representando, por exemplo, um familiar cuidando desse paciente no contexto da cena em que ocorreu a crise.

No caso das psicoses de ritmo, que são os quadros maníacos e depressivos graves, o manejo é muito difícil. Os quadros de mania franca nós não manejamos de forma psicodramática porque o indivíduo está num ritmo tão acelerado e a atenção tão saltuária, que, a nosso ver, se torna muito difícil manejar-se psicodramaticamente. É necessário, primeiro, uma atuação farmacológica para depois iniciar-se o tratamento psicodramático. Nos quadros de depres-

Fig. 4.1 — Fotos cedidas por Joanese Murata da Associação Campineira de Psicodrama, demonstrando a vinculação dos psicóticos crônicos com títeres, segundo a técnica descrita pelo dr. Rojas-Bermúdez em seu livro Títeres y Psicodrama.

são, também o manejo se torna muito difícil, porque o paciente se encontra com um ritmo muito lento e dificilmente se conecta, embora nos quadros menos intensos, quando o paciente relata um conteúdo depressivo, seja possível fazer jogos ou dramatizações em torno desse conteúdo.

Os psicóticos crônicos, de acordo com o que referimos no início deste capítulo, quando falamos sobre as áreas sadias do seu psiquismo, por causa da sua doença ficam com toda a sua energia psíquica voltada para ela, mas isto não significa que esqueceram todos os fatos de sua vida pregressa e as habilidades anteriores à sua doença. Rojas-Bermúdez desenvolveu uma técnica mobilizadora de psicóticos crônicos através de fantoches. Inicialmente o paciente conecta-se com o diálogo dos fantoches e depois passa a falar de sua própria vida e dos fatores anteriores ao aparecimento da sua psicose. Assim, o que devemos fazer, é que o indivíduo volte novamente sua atenção para suas áreas saudáveis (Fig. 4.1). Estes conhecimentos são difundidos também nas experiências de comunidade terapêutica e sugerimos àqueles que queiram trabalhar com psicóticos que conheçam essas experiências, nas quais indivíduos crônicos, aparentemente perdidos para uma vida comum, começam a desempenhar muito bem alguns papéis. Por exemplo, num indivíduo que era sapateiro, pode-se perceber claramente que ele não perdeu a capacidade de consertar sapatos. Estas áreas saudáveis devem ser estimuladas para que ele novamente se vincule através delas.

Em Psicodrama, o fato de trabalharmos com alucinações ou delírios fará com que o indivíduo comece a tentar tomar distância desses sintomas. Ele passará a sentir aquela parte doente como momentos de doença, e não que ele esteja doente o tempo todo. Quando o paciente começa a detectar esses momentos e reconhece que tem muitas outras áreas saudáveis, temos aí algo muito importante para ele, pois isto o tranquiliza bastante e lhe possibilita recuperar boa parte da sua convivência com o mundo. Certos pacientes chegam a tal grau de percepção de sua própria doença, que relatam estarem bem, mas sabem ser possível que em algum momento ainda tenham um delírio ou qualquer outro tipo de manifestação incômoda, mas que tentarão conviver com esse componente patológico de sua personalidade. Nessa ocasião estão desenvolvendo a capacidade de criticar sua própria doença.

CAPÍTULO V

PSICODRAMAS ESPECIAIS

1. PSICODRAMA INFANTIL

Quando falamos em Psicodrama Infantil incluímos crianças desde cinco anos de idade até a puberdade.

Um primeiro cuidado que deve ser tomado pelo terapeuta será com relação à diferença de idade entre as crianças que compõem o grupo, que não deve ser superior a dois anos. Assim, se a média de idade do grupo for oito anos, a criança menor não deve ter menos de sete e a maior mais de nove anos. Deve-se tomar cuidado também quanto às crianças que se encontram em fase próxima da puberdade, quando os meninos e meninas preferem formar grupos com companheiros do mesmo sexo. Isto por ser freqüente a ocorrência de inibições muito fortes quando meninos e meninas são colocados no mesmo grupo.

O Psicodrama Infantil exige um manejo particular, sendo necessária uma atitude mais diretiva do terapeuta. Algumas vezes torna-se preciso criar histórias ou situações para serem dramatizadas, pois o aquecimento verbal da maneira como é feito em grupos de adultos é muito difícil. As crianças entram para a sessão e freqüentemente já se colocam em atitudes dramáticas. Encontramo-las brincando de pegador ou de mocinho e bandido ou outros jogos de fantasia. Se for tentada uma conexão de tipo verbal, corre-se o risco de dificultar o processo e inibir as crianças. O diretor precisa estar bem atento para criar jogos que serão dramatizados.

Com relação aos jogos, há outro dado muito importante. Certas regras do Psicodrama não devem, neste caso, ser muito rígidas. O contexto dramático e o grupal muitas vezes se confundem, pois a criança dificilmente se restringe ao palco simplesmente. Uma criança que esteja assistindo à dramatização, em dado momento pode pular para a cena, como uma outra participante dela pode sair.

Conforme se vão sucedendo as sessões, o diretor irá, aos poucos, mostrando o contexto dramático e impondo certa disciplina. A criança sempre vivencia muito a cena dramática e, por isto, com freqüência confunde os contextos dramático e grupal.

Outro dado muito importante no Psicodrama Infantil é o diretor ser freqüentemente solicitado a participar de cenas. Pode fazê-lo, pois não fica aqui muito rigidamente definido o seu papel como aquele que não entra em cena. Ele pode, algumas vezes, entrar e fazer o papel complementar pedido pelo protagonista.

Devemos dizer ainda também que não surge freqüentemente um protagonista — uma criança com determinado problema — pois quase sempre é o grupo que atua. A tendência do Psicodrama com crianças é mais de caráter sociodramático.

O diretor precisa ser muito ativo e resolver situações rapidamente. Durante uma cena, por exemplo, pode ocorrer agressão física entre duas crianças e o diretor deve criar imediatamente uma cena complementar àquela, que resolva a situação. O diretor, por exemplo, introduz a polícia chegando para separar a briga, evitando que ocorram ferimentos.

Quanto à situação dos jogos ou histórias, podem ser usadas algumas já universalmente conhecidas como a da Branca de Neve ou do Lobo Mau e os Três Porquinhos. Podem ser criadas também histórias pelo próprio grupo. Naturalmente, quando as histórias são criadas, devemos nos ater ao desempenho das crianças nos papéis pedidos e na fase de comentários não deve ser feita uma análise simbólica como é de tendência de muitos, por exemplo, imaginar que o Lobo Mau é a figura paterna ou materna. Trata-se somente de observar como os papéis foram desempenhados.

Desse modo, existem diferenças com relação a certas técnicas infantis interpretativas, como certas técnicas de ludoterapia, em que é assinalado o comportamento acompanhado de interpretação. Assim, se por exemplo a criança aponta com o dedo como se estivesse atirando com um revólver, numa técnica interpretativa dir-se-ia a ela: "Você está com raiva de mim" ou "Você está querendo me matar". No Psicodrama Infantil o ego-auxiliar deve colocar as mãos imediatamente sobre o peito, como se estivesse sendo atingido por tiros e assim se forma o papel complementar. O ego e o diretor devem sempre estar preparados para responder complementarmente ao estímulo que a criança emitiu.

As dramatizações podem e devem ser intercaladas com histórias reais. Se o diretor conseguir chegar a um ponto em que a criança relate seus problemas de casa ou da escola, deve ser dramatizado, o que se torna bastante importante para a criança, mas essas histórias são difíceis de conseguir. O diretor, porém, deve estar atento para atingir esse tipo de histórias, uma vez que a história real sempre é mais importante do que a simbólica — a realidade sempre se impõe ao símbolo.

Os resultados do tratamento com crianças são difíceis de serem avaliados, ao contrário do que acontece com os adultos. A estes podemos perguntar como passaram a semana após a dramatização em que foram protagonistas, mas as crianças não relatam se melhoraram ou não. Se lhes for perguntado, a resposta é quase sempre evasiva e não sabem informar. As informações sobre a evolução da criança podem ser obtidas através dos pais ou educadores, ou ainda por um processo no desempenho dos papéis pedidos durante o jogo dramático.

Quanto às técnicas, são usadas basicamente a Interpolação de Resistências, Realização Simbólica e Inversão de Papéis. A construção de Imagem e o Solilóquio são mais difíceis de serem elaboradas pelas crianças. A técnica mais usada talvez seja a da Realização Simbólica, pois o diretor observando certas reações pode criar algumas situações nas quais a criança muito inibida possa desempenhar um papel, num jogo, de uma figura restritiva, como um rei ou uma rainha. Enfim, uma figura com quem a criança possa se defrontar num nível de fantasia e com isto vencer suas inibições frente a situações restritivas ou de autoridade.

A técnica do espelho também pode ser usada, porém com muito cuidado. Deve-se evitar que a criança se sinta ridicularizada e tenha receio que outros façam chacota.

Durante a dramatização, aspectos a respeito do desempenho podem ser assinalados. Assim, pode-se perguntar se o indivíduo está desempenhando bem ou não o papel e pode-se eventualmente até trocar os papéis. Se, por exemplo, a opinião é de que o lobo está sendo bonzinho, pode-se colocar um outro que faça um lobo mais bravo. Isto, porém, só deve ser feito em função do desempenho e nunca por forma interpretativa ou simbólica. Não se deve começar a procura da problemática da criança com relação à escolha do papel, simplesmente porque ela o escolheu. Nada deve ser pensado que extrapole a situação de dramatização.

No Psicodrama Infantil é muito importante o uso de objetos, para favorecer o relacionamento das crianças entre si e com o terapeuta, uma vez que o objeto cria uma situação intermediária. Basicamente, o contato entre adultos e crianças é muito difícil de ser feito diretamente, e é necessário que se criem situações intermediárias. As historietas clássicas já são situações intermediárias, e objetos como marionetes, bolas e brinquedos, podem também servir para facilitar a comunicação. O uso de máscaras, por exemplo, favorece bastante. Desta maneira, uma criança que tenha muita dificuldade de fazer o papel de lobo, em usando uma máscara, vivenciará esse papel com grande intensidade.

Tivemos oportunidade de assistir, em um congresso, à apresentação do trabalho da psicóloga Sônia Pedrosa, sobre crianças oligofrênicas moderadas, em que recorre muito a cenas construídas para o desempenho desses pacientes. Parece-nos que este dado é importante para quem queira trabalhar com oligofrênicos, pois aquecê-los é muito difícil. É preferível que haja algo mais ou menos dirigido por parte do diretor para o desempenho desses pacientes. Devemos esclarecer que a lembrança do Psicodrama com oligofrênicos neste capítulo deve-se somente ao caráter diretivo que o Psicodrama com crianças deve ter.

As sessões com crianças, em geral, são mais curtas, em torno de sessenta a noventa minutos. O número varia bastante de acordo com o ambiente físico em que se execute a sessão, e naturalmente grupos maiores apresentam maior dificuldade de manejo. Trabalhando-se com seis a oito crianças o manejo é menos difícil do que em grupos com doze ou quinze.

É importante também que se possibilite muita liberdade para a movimentação das crianças, pois elas têm necessidade de movimento. Assim, as salas precisam de certa segurança e não devem ter janelas altas ou algo que possa provocar ferimentos, como vidros e saliências.

O diretor e o ego deverão ter uma atitude bastanta afetiva e permissiva, evitando ao máximo colocar limites, permitindo que as crianças fiquem à vontade, para que nesse ambiente elas possam desenvolver sua espontaneidade e criatividade.

Em nossa experiência, trabalhamos com grupos heterogêneos quanto à queixa inicial. Existem autores que trabalharam com grupos homogêneos. Bermúdez publicou um trabalho muito interessante a respeito de grupos homogêneos de crianças, onde mostra a diferente evolução da agressividade em grupos de crianças enuréticas, asmáticas, epilépticas e psicopatas.

2. PSICODRAMA COM ADOLESCENTES

Chamamos de adolescente o indivíduo que está na faixa etária que vai desde a puberdade até dezessete, vinte anos, variando de acordo com a dinâmica do jovem. Existem jovens de dezessete anos que são um tanto infantis e outros que já têm uma série de papéis de adulto. Alguns com dezessete, dezoito anos já ingressaram na universidade e outros com essa idade ainda estão terminando o ginásio e numa dinâmica mais jovem. Assim, o critério idade não pode ser muito rígido, mas um fator que utilizamos como critério para enquadrar o jovem como adolescente ou não, está ligado à escolaridade — jovem universitário consideramos como tendo mais uma dinâmica de adulto e aqueles que ainda se encontram no ginásio, com dificuldades de disciplina, consideramos como estando na faixa de adolescentes.

É importante observar-se também um limite de idade entre o mais velho e o mais moço do grupo e nós trabalhamos sempre obedecendo uma diferença máxima de dois anos. Há uma grande disparidade entre um adolescente de dezessete anos e um de treze anos e isso pode ser muito doloroso, principalmente porque há nos adolescentes um desejo de expansão, de mostrar o próprio valor e sua capacidade de perceber as coisas. Em geral, são exibicionistas e o fato de haver uma grande diferença de idade entre eles pode criar problemas, como por exemplo, um jovem de treze anos querer competir com um de dezessete e, fracassando nessa competição, pode abandonar o grupo ou continuar a disputa sentindo-se cada vez mais angustiado ou deprimido.

Nossos grupos de adolescentes atuam com ambos os sexos e isto de certa maneira pode também exacerbar um pouco a exibição, principalmente porque, em nosso meio, até há pouco tempo, um grande número de colégios era exclusivamente para jovens do mesmo sexo, o que diminuía muito a oportunidade de convívio entre eles. Atualmente, porém, parece-nos que este problema tem diminuído e não sabemos precisar bem que repercussões trará sobre o Psicodrama com Adolescentes.

Duas situações de difícil manejo com os adolescentes são as agressivas e as sexuais. As situações agressivas corporais podem ocorrer com maior freqüência do que em grupos de adultos e o manejo se torna difícil porque o diretor precisa estar atento para manejar a situação no momento oportuno. Se for deixado ao grupo, poderá haver a agressão física. Por outro lado, não convém também que o diretor bloqueie todo e qualquer tipo de agressão. Deve deixar que ela extravase um pouco, mas somente em nível verbal. Quando perceber que os acontecimentos vão evoluindo para um plano motor, deve intervir, um pouco antes que isto ocorra. Na sociedade, a agressão física é menos tolerada que a verbal, e no grupo, isto também deve acontecer.

Podem-se criar lutas também com o manejo das situações agressivas, mas sempre com regras bem precisas e quando uma das regras for transgredida, o diretor deve intervir não permitindo que isto aconteça. O jogo de lutas apresenta o risco de poder ser desencadeante de uma luta corporal se o diretor deixar de intervir com limites bem estabelecidos.

No Psicodrama com Adolescentes, com relação aos limites, deve-se manter uma situação intermediária entre aquela adotada com as crianças e a adotada com os adultos. Deve haver certa flexibilidade, evitando uma confrontação. É muito freqüente o adolescente "gozar" ou brincar com o terapeuta, pois é uma época em que se necessita de muita afirmação. Por isso é conveniente que o diretor e o ego sejam indivíduos que aceitem bem as brincadeiras, evitando colocar limites, como deve ocorrer na situação com adultos, onde esse comportamento poderia ser percebido como sendo uma atuação psicopática. Há certos diretores que permitem, inclusive, que os adolescentes fumem durante a sessão e não o permitem aos adultos, isto com o objetivo de fazer com que o adolescente não se sinta cerceado na sua forma de afirmação.

Quanto ao manejo da sexualidade, como já dissemos, também se torna muito difícil, pois freqüentemente os adolescentes, principalmente os mais jovens — catorze, quinze anos — têm muitas inibições para relatar experiências e conversas sobre o assunto. Podem ser criadas situações intermediárias, com dramatizações onde eles não sejam as próprias personagens em jogo; ou o uso de objetos que favoreçam situações intermediárias, como marionetes, por exemplo.

Tivemos um paciente adolescente com o qual não se tocava absolutamente no assunto sexual, havendo muita dificuldade em abordar o tema, mesmo em nível verbal. No momento em que foram colocadas nas mãos dos garotos dois fantoches, um com a figura de homem e outro de mulher, eles começaram a brincar, fazendo com que as figuras se tocassem e logo veio à baila assunto erótico, relação sexual, masturbação, mas sempre com relação aos bonecos e com intensidade muito grande de afetos, com muitas risadas e brincadeiras. Posteriormente, passaram a agir de maneira mais desinibida, usando palavrões, sons e ruídos relacionados com a situação sexual.

Estas situações intermediárias favorecem muito o adolescente. O contato de depoimento direto se torna muito mais difícil e constrangedor. Uma indagação direta a respeito da sua sexualidade se torna para ele muito desagradável. Assim, a menos que haja um aquecimento total no grupo em que todos possam falar a respeito de suas experiências, não se deve colocar alguém como protagonista de uma situação sexual. Se a temática ocorrer com o uso de marionetes e todos passarem a falar sobre sexo, podemos ter uma sessão em que todos atuem e um indivíduo não se sinta perseguido por ser conhecido e os outros não, ou que seja motivo de brincadeiras ou chacotas.

No aquecimento, o uso de jogos dramáticos é muito útil para fazer o adolescente se sentir mais liberto e, desta maneira, quando a dramatização começa, fica mais fácil haver o diálogo e nos comentários as manifestações verbais. Os adolescentes têm muitos comentários e críticas a fazer, mas só o fazem quando estão bem motivados. Normalmente sua tendência é falar pouco sobre seus problemas pessoais, principalmente na fase de aquecimento. Nos comentários, após a dramatização, conseguem falar mais e sempre deve-se fazer com que os comentários se atenham à dramatização, pois é comum que nesta fase da sessão, através de um dado, comece a haver extrapolações e o diretor deve fazer com que esses comentários voltem à situação dramatizada.

Quanto ao protagonista, de maneira diferente do que acontece em grupos de crianças, pode surgir e permitir o trabalho em cenas centradas em torno deste. Com crianças isto também é possível, porém com mais dificuldade e cuidado do que com adolescentes. Pode-se também pedir que cada um comente como resolveria aquele problema se estivesse no lugar do protagonista.

Quanto às técnicas, não é muito fácil que se façam Imagens e Solilóquio. Estas podem ser conseguidas, mas com grande dificuldade. Interpolação de Resistências, Inversão de Papéis e Realização Simbólica são as técnicas usadas com maior freqüência. Insistimos, porém, que deve ser evitado fixar-se num plano simbólico, pois como eles aceitam facilmente os jogos, o terapeuta tenderá a usá-los em demasia e fazer inferências interpretativas. Sempre que isto aconteça, o terapeuta deverá procurar dramatizações de situações reais dos adolescentes.

3. PSICODRAMA COM ADULTOS

Denominamos Psicodrama de Adultos àquele que é feito com pessoas na faixa de idade entre dezoito e quarenta e cinco anos. É evidente que os limites extremos podem sofrer algumas variações. Assim, consideramos já como adulto o indivíduo que esteja numa universidade ou em vésperas disso, ou que já trabalhe e tenha uma atividade profissional. O limite máximo fica em torno dos 45 anos.

Em nosso trabalho usamos um número médio de oito a dez pessoas e procuramos mesclar ao máximo as tipologias, pois quando um grupo é constituído por muitos elementos com a mesma tipologia, pode haver uma caracterização muito particular, os problemas se tornam repetitivos e a temática tende a voltar sempre de uma mesma maneira. Assim, por exemplo, num grupo em que haja o predomínio de histéricos, a tendência é ser muito agitado; os protagonistas quase sempre trazem temas com forte colorido emocional e é um grupo emocionalmente intenso que pode a qualquer momento ter sessões muito tensas. Todavia, se for um grupo só com obsessivos, terá sempre um mesmo ritmo, uma mesma forma, tendendo a seguir sempre de uma mesma maneira. Por isto, procuramos misturar ao máximo as tipologias e isto enriquece muito o grupo, pois quanto mais heterogêneo tanto melhor.

Misturamos também quanto à idade e ao sexo, procurando estabelecer um equilíbrio entre o número de homens e o de mulheres. Procuramos fazer com que as idades também sejam equilibradas. Assim, ter dois ou três pacientes com idades próximas, pois a faixa etária de dezoito a quarenta e cinco anos é muito distanciada e nunca colocamos só um jovem num grupo de mais velhos ou um só mais velho num de jovens.

Costumamos também misturar quanto ao nível cultural e sócio-econômico, porque quando o grupo é heterogêneo em relação a esses vários aspectos, permite uma maior quantidade de papéis complementares. No caso de um indivíduo que tenha problemas no trabalho, havendo no mesmo grupo tanto um chefe como um empregado, será muito útil porque um aprenderá com o outro. É em razão disto que procuramos em nossos grupos de pacientes oferecer o maior número possível de papéis complementares para que haja maiores interações.

Pode ocorrer, no entanto, a formação de subgrupos e nós não tentamos impedir que isso aconteça, porém quando ocorre que um subgrupo tenha uma atuação fora do grupo, procuramos fazer com que tragam aquilo que conversaram e as suas conclusões para o grupo. Quando alcançamos esse objetivo estamos atenuando o aspecto crítico do subgrupo e diminuímos a tendência que existe de resolver os problemas sem a presença do terapeuta. Nem sempre é fácil para o terapeuta descobrir a existência do subgrupo, mas quando isto acontece, ele deve fazer com que o material seja trazido para a sessão.

Quanto ao manejo, o grupo de adultos é o que apresenta provavelmente maior facilidade, porque o adulto tem boa verbalização e traz os seus problemas de forma mais clara, além de conseguir entender melhor a interação que se está processando.

No tocante ao uso das técnicas, é evidente que lançamos mão de todas aquelas preconizadas por Moreno, pois não há nenhuma restrição a qualquer delas, uma vez que esta é a fase em que o indivíduo tem maior capacidade intelectual, de assimilação, percepção e interação.

Com relação à fase de aquecimento, usamos bastante a verbalização, embora possamos também usar jogos, mas estamos cada vez mais nos restringindo a um aquecimento verbal porque muitas vezes o jogo pode se tornar uma forma de fuga para indivíduos que tenham problemas para apresentar ao grupo. É muito comum, depois dos jogos, ao final da sessão, um paciente dizer que tinha um problema que queria trazer ao grupo mas que como começou o jogo, ele não falou. Mesmo para a dramatização, é conveniente dar-se um certo tempo para o seu início, porque se tomarmos um protagonista de imediato, outro paciente que tenha um problema para trazer, poderá alegar que não falou porque pensou no problema do outro e deixou o seu para outra sessão. Assim, costumamos fazer o aquecimento mais ou menos longo (trinta a quarenta minutos em média) e as dramatizações o máximo possível voltadas para situações reais. Inicialmente, usávamos bastante jogos dramáticos, mas percebemos que com isto muitas vezes havia a tendência de o paciente escapar do confronto com seus problemas através dos jogos ou a sessão cair num clima interpretativo, tanto de nossa parte quanto da dos outros membros do grupo.

Os comentários devem ser mais diretos. Procuramos favorecer a interação para que haja o maior número possivel de contatos diretos, francos, e sem que um esconda o que pensa a respeito do outro. No final, os terapeutas (diretor e ego-auxiliar), também falam claramente sem esconder nada, numa atitude direta e sem subentendidos. Não devem tomar uma posição de sábios, agindo naturalmente.

4. PSICODRAMA DOS QUARENTA E CINCO AOS SESSENTA E CINCO ANOS

Recentemente começamos uma nova experiência com pessoas acima de quarenta e cinco anos.

Em nossa clínica tínhamos um grande número de pacientes acima dessa idade que necessitavam de cuidados e quase sempre o trabalho era desenvolvido através de medicação e de alguns contatos individuais, mas muitos precisavam de uma ajuda psicológica mais atuante. Assim, resolvemos reuni-los num grupo e trabalhar com eles psicodramaticamente.

Uma das razões desse limite mínimo de idade é que estes indivíduos já têm um mesmo conjunto de experiências e pertencem a uma geração anterior, pois quase todos eles têm filhos adultos ou adolescentes e alguns já são avós. Desta maneira, vivenciaram uma experiência comum, de educação de filhos até a idade adulta. Com esta bagagem experiencial, num grupo comum de adultos mais jovens, estes indivíduos dificilmente teriam oportunidade de colocar e trocar idéias em igualdade de condições. Quando se coloca uma pessoa de mais idade num grupo de adultos, muitas vezes ela julga que entende mais os outros do que é entendida, e não vê condições de dialogar com um jovem, pois sua vivência é muito maior e já educou um filho que tem a idade desse mesmo jovem.

Nessa experiência temos verificado algumas coisas interessantes. Em primeiro lugar, o que quase sempre traz esses indivíduos para tratamento é a perda de papéis, pois à medida que a idade vai avançando eles vão reduzindo o número de papéis, e os que restam se tornam muito importantes. Estes papéis assumem uma importância muito grande porque, em primeiro lugar, são poucos, e em segundo, porque, uma vez perdidos, dificilmente serão reconstruídos. Se o indivíduo trabalha e sai do emprego, não consegue logo outro; se se desliga do cônjuge ou enviúva, terá dificuldades em se casar novamente, não só pela dificuldade de encontrar parceiro, como também, talvez, pela falta de motivação de o encontrar. Se, nesta idade, perde um filho, na maioria das vezes não pode ter outro. Assim, os papéis são vitais e é muito comum estes indivíduos procurarem o médico após alguma perda já ocorrida ou em perspectiva de ocorrer.

Quando colocamos os membros do grupo em contato, eles aceitam a terapia como algo muito importante, pois é uma oportunidade de formar um papel novo — o de paciente ou o de participante de um grupo.

Quanto à sessão em si, verificamos que estes indivíduos têm certa dificuldade de dramatizar, preferindo quase sempre ficar no plano da verbalização simplesmente. Nas primeiras sessões não foi fácil fazer com que o protagonista subisse ao palco para dramatizar. Depois de algumas dramatizações onde observaram o desempenho do ego-auxiliar e de uma paciente que, embora tivesse cinqüenta anos de idade, possuía uma excelente capacidade para o desenvolvimento de papéis, se acostumaram e se motivaram a vivenciar a dramatização.

Outro fato que nos chamou a atenção, nesta experiência, foi o aparecimento freqüente de um sentimento de vergonha, com uma grande dificuldade em contar problemas pessoais, ao contrário dos grupos de adultos onde os relatos de fatos da vida são feitos com maior facilidade.

Observamos, também, que nas primeiras sessões houve uma tendência em trazer problemas relacionados aos filhos, noras e genros; educacionais e econômicos. Depois disto, começaram a surgir problemas de ordem mais íntima, como os de esfera sexual ou de desajustamento entre marido e mulher. Quando, no entanto, os temas são relatados, é curiosa a interação do grupo, que é muito direta. Eles já não podem mais escapar como faziam quando pertenciam a grupos de adultos, onde diziam que os outros não possuíam sua experiência. Neste grupo os outros têm experiência vivencial semelhante e se questionam. Eles precisam então encontrar respostas para o interlocutor, não com aquele tipo de fuga mas sim em conjunto com o grupo.

Pensamos que este trabalho se torna bastante importante como contribuição, pois, em primeiro lugar, estes indivíduos realmente necessitam de trabalho, e em segundo, porque na verdade eles não são tão velhos como culturalmente a sociedade os considera. Em nosso meio, pelo menos, é muito comum o indivíduo que tenha por volta de cinqüenta anos considerar-se velho em resposta a essa expectativa social. Em terceiro lugar, para quebrar o "tabu" de que a terapia nessa idade é algo que vá desestruturar o indivíduo. Achamos que é uma situação de aprendizado, e eles realmente aprendem. Além disto, é uma situação que possibilita a criação de novos vínculos.

Esperamos que esta experiência seja útil aos psicodramatistas, no sentido de despertar a atenção para essa faixa etária, que além de ser numerosa, tem grande poder nas estruturas familiares e sociais.

Um fato curioso é que os componentes desse grupo são todos pais de pacientes ou de ex-pacientes. É muito comum em grupos de adolescentes e de adultos, os indivíduos relatarem problemas com os seus pais, e se estes vêm à terapia, pode-se fazer um trabalho mais intenso na estrutura familiar.

5. PSICODRAMA DIAGNÓSTICO E PSICODRAMA INDIVIDUAL

Há certos terapeutas que logo na primeira entrevista querem ver a atuação do paciente para efeito diagnóstico. Colocam o paciente no palco desempenhando papéis. Isto tem sido feito de duas maneiras: 1º) o diretor e o paciente e 2º) o diretor, o ego-auxiliar e o paciente.

Aqueles que não usam o ego-auxiliar nessa primeira entrevista, criam situações em que o indivíduo, por exemplo, pode construir o seu átomo social. Se ele vive com os pais, cônjuge e filhos, faz o seu papel e o do outro alternadamente e responde às próprias colocações. Aqueles que utilizam o ego-auxiliar para esta situação podem fazer com que este tome o lugar quer do complementar, quer do paciente, para a pesquisa diagnóstica. A nosso ver, esta conduta não deverá prescindir de um bom questionário psiquiátrico ou de exames que forem necessários para diagnóstico.

Quanto ao Psicodrama Individual, é necessário que haja pelo menos dois egos, um masculino e um feminino, para desempenharem os papéis complementares de que o paciente precisa.

Existem indicações para o Psicodrama Individual. Uma delas, para pacientes que tenham muitas dificuldades para participar de um grupo, seja porque não desejam, ou porque não tenham facilidade para desempenhar papéis. Outra indicação seria para indivíduos ou políticos influentes, que se sentiriam muito mal num grupo e esta seria uma forma de trabalhar sobre os seus papéis de uma forma mais direta e objetiva, e também mais protegida. Outra indicação ainda seria para patologias muito graves, principalmente ao final de uma crise ou durante um episódio agudo em que juntamente com outros tipos de tratamento, poder-se-ia fazer algumas sessões individuais. O indivíduo após uma crise psicótica ou uma crise aguda de outra natureza qualquer, poder começar a perceber alguns problemas que o rodeiam através deste tipo de Psicodrama. O Psicodrama Individual pode ser usado também com indivíduos que apresentem problemas de sensopercepção como cegueira, surdez, mudez, com problemas de adaptação num grupo. Estando com um grupo de egos-auxiliares torna-se possível trabalhar mais facilmente os problemas psiquiátricos desses pacientes.

6. PSICODRAMA DE CASAL

Este tipo de Psicodrama é feito com apenas um casal e não com vários casais ao mesmo tempo. Não utilizamos esta segunda forma, pois correríamos o risco de que as sessões fossem muito angustiantes e apresentassem situações muito difíceis de manejar, como por exemplo, comparações entre membros do grupo, seduções ou agressividade.

A equipe terapêutica é constituída pelo diretor e dois egos-auxiliares — um masculino e um feminino. Usam-se dois egos exatamente para facilitar a substituição de um dos cônjuges na dramatização, quando isto se faz necessário. Assim, quando durante uma dramatização de discussão entre o casal, quisermos que um dos cônjuges se veja atuando, fazemos com que o ego-auxiliar entre em seu lugar e, através do desempenho deste, ele possa ver o seu comportamento diante do outro cônjuge. Esta é uma técnica muito útil que favorece uma visão mais objetiva por parte do paciente.

O Psicodrama de Casal é um dos Psicodramas que exigem um manejo cuidadoso, pois atua diretamente sobre situações muito angustiantes. É comum as pessoas procurarem o terapeuta por causa de problemas conjugais. A sessão, neste tipo de Psicodrama, atua diretamente sobre o vínculo conjugal e, pode, em poucas sessões, vir a clarear situações, melhorando esse vínculo.

Quando os casais procuram a terapia, em geral, estão em situação muito avançada de agressividade e com idéias de separação, mas, mesmo assim, o Psicodrama pode ser muito útil, pois mesmo que haja a separação, esta poderá ser melhor aceita por ambos.

De todos os Psicodramas, o de casal talvez seja o mais diretivo, pois se o diretor deixar a sessão correr livremente, ocorrem freqüentemente agressões muito violentas entre os cônjuges, surgindo situações que, a partir de determinado momento, são incontroláveis. Há certos casais que estão em tal clima de agressividade, que se começarmos a sessão perguntando, por exemplo, porque nos procuraram, um deles começará a falar e o outro a objetar, até que logo depois possa inclusive ocorrer agressão física, conforme o tipo de casal.

Para evitar o que citamos acima, o diretor deve, desde a primeira sessão, tomar atitudes bastante diretivas e firmes. A forma de controle é começar logo com jogos dramáticos, e é conveniente que o terapeuta já tenha alguns padronizados, principalmente para as duas primeiras sessões, porque quando o casal já estiver acostumado com o ritmo da sessão poderão participar de forma mais calma e produtiva.

Um jogo que inicialmente pode ser feito, consiste no seguinte: determinam-se duas regiões sobre o tablado. Cada cônjuge, por sua vez, deve imaginar que no centro do tablado haja um conjunto de pacotes de diversos tamanhos e pesos, que significariam qualidades e defeitos do outro cônjuge. Esses pacotes devem ser colocados sobre aquelas regiões: qualidades numa e defeitos na outra. Desta maneira, veremos o número de pacotes que cada um colocará em cada região, assim como o seu tamanho e o seu peso. O jogo é feito pelos dois pacientes, cada um por sua vez. Quando terminado, passamos aos comentários sobre aquilo que foi realizado. Esta é uma forma de criar uma situação intermediária entre marido e mulher, porque faz com que as queixas de um para o outro não sejam relacionadas diretamente com o motivo pelo qual eles procuraram a terapia, mas críticas muito amplas que às vezes surpreendem o criticado. Assim, por exemplo, um deles pode dizer que o outro é muito "desligado" das coisas da casa ou que é muito "frio" no tratamento com os filhos e ele se surpreende com essa observação passando a argumentar num sentido amplo e não só num dos pontos de atrito que muitas vezes é o mais agudo naquele momento. Esta situação neutraliza a agressão e começa a fazer com que surja um aspecto intermediário em que a tensão é canalizada e dirigida pelo terapeuta. Se eles passarem a se agredir diretamente, o diretor e os egos-auxiliares devem pedir que eles repitam os comentários relacionados com o jogo.

Um outro jogo também usado, com freqüência, é aquele em que o casal se dá as mãos mantendo os braços esticados e se tocando com as pontas dos pés, tendo os calcanhares unidos, tentam manter-se em posição de equilíbrio. Este jogo possibilita ver a forma pela qual o casal procura manter o equilíbrio. É muito freqüente um deles não se jogar suficientemente para trás e, desta maneira, o outro também não pode fazê-lo, havendo acusações recíprocas. Assim, podemos ver certas características de comportamento entre ambos. Esta situação vai dando uma imagem física a esses pacientes de como eles manejam certas situações entre si, independente da queixa inicial que os trouxe ao tratamento (Fig. 5.1).

Ao final do jogo, quase sempre, o casal está mais relaxado, mais tranqüilo e já começa a entrar num ritmo mais lento, percebendo então o tratamento não como algo que vá decidir todos os seus problemas naquela sessão. O tratamento é um processo que vai ocorrer em algumas sessões, onde ambos têm participação, e que vai beneficiá-los após algum tempo. O que muito tranqüiliza o casal é quando começam a perceber que muitas vezes a doença não é nem de um e nem do outro, mas que é do vínculo de que ambos participam. Por esta razão, o diretor focaliza sempre esse vínculo e não diretamente um ou outro cônjuge.

É conveniente que as sessões neste tipo de Psicodrama não ultrapassem noventa minutos, que já é bastante tempo para mobilizar muitas emoções.

É importante também que haja um número determinado de sessões e podem inicialmente ser combinadas quatro, seis ou oito. Após este período, o tratamento teria fim, ou conforme o caso, poder-se-ia renovar o contrato para mais um número também determinado de sessões. Desta maneira, os pacientes começam a mobilizar suas preocupações e necessidades em função daquele tempo de terapia. No caso de se verificar que um dos membros do casal é muito doente, pode-se chamá-lo à parte e sugerir que faça uma terapia em grupo para tratar do seu problema psiquiátrico particular.

Tivemos a oportunidade de usar videoteipe em Psicodrama de Casal, o que é algo muito rico, porque permite que o casal veja claramente pela televisão o seu desempenho, ouvindo o que ambos disseram e a forma como atuaram. É curioso que quando o videoteipe é passado, por exemplo, a cena de uma briga que foi dramatizada, tanto o homem como a mulher só olham para si mesmos, porque o outro eles já sabem como se comporta. A tendência é ver a si pró-

Fig. 5.1 — Posição inicial do jogo descrito.

prio, como atua e como se comporta, começando assim a ter um dado a mais para a autocrítica.

Devemos também salientar aqui a fundamental importância dos egos-auxiliares no Psicodrama de Casal, porque freqüentemente entram em cena. Talvez seja neste tipo de Psicodrama que o ego-auxiliar mais trabalhe, onde continuamente é solicitado a desempenhar papéis e muitas vezes passa quase todo o tempo dramatizando. Devemos evitar que a parte de comentários seja muito longa, pois pelo fato de o diretor falar muito e tecer comentários, poderá parecer que está tomando partido de um ou de outro, criando mais um problema terapêutico; o manejo é basicamente de dramatização e o ego-auxiliar, por isto, trabalha bastante.

Quando num grupo, pacientes relatam que não têm problemas, mas que o problema é o seu cônjuge, chamamos esse cônjuge para entrevista com autorização do paciente e conforme a situação, sugerimos a terapia de casal para que o paciente se defronte mais diretamente com a realidade que ele tanto critica. Podemos ver, assim, de quem é a maior parte de desajustamento nesse vínculo.

Quanto às contra-indicações do tratamento de casal, devemos dizer que não costumamos realizá-lo quando existe uma terceira pessoa, a qual um dos cônjuges não quer que seja revelada. Por exemplo, um homem tem uma amante e não quer, de maneira alguma, que sua mulher saiba. Neste caso, não fazemos o Psicodrama de Casal porque estaríamos comprometidos com esse paciente e coniventes com essa situação.

No caso de o casal nos procurar para uma terapia, nós inicialmente fazemos uma entrevista psiquiátrica clássica, com cada um separadamente, para pesquisar o nível de saúde e os problemas que um e outro possam ter. Desta maneira, podemos verificar se existe alguma contra-indicação para o Psicodrama de Casal ou se há possibilidade de realizá-lo.

7. PSICODRAMA FAMILIAR (SOCIODRAMA FAMILIAR)

No que se refere à saúde mental, sabemos que a família tem uma importância muito grande.

Assim como no Psicodrama de Casal, onde o vínculo conjugal é importante, os vínculos com os outros membros da família também são importantes e todo o trabalho do terapeuta, num Psicodrama de Grupo, pode ser minado ou prejudicado pela atuação da família.

No Psicodrama Familiar costumamos também fazer um contrato por tempo determinado — quatro, cinco ou seis sessões, das quais devem participar todos os membros da família. Se houver alguém que viva com essa família e que tenha muita importância, como por exemplo uma empregada muito antiga, que seja considerada quase como um membro dessa família, poderá vir a fazer parte desse Psicodrama.

O Psicodrama Familiar é quase o oposto do Psicodrama de Casal no que se refere à diretividade. No familiar, após um breve aquecimento no qual o terapeuta pergunta quais os problemas que a família está atravessando, os membros começam a falar e como já interagem entre si, há muito tempo, esta interação, em geral, é muito solta e a dinâmica se estabelece rapidamente não sendo necessário haver muitas dramatizações. O simples fato de os indivíduos se confrontarem no que seria uma "hora da verdade" já faz com que muitos problemas se solucionem.

Recentemente, realizamos um Psicodrama Familiar com uma senhora, participante do grupo de quarenta e cinco a sessenta e cinco anos, que se queixava muito do marido, dizendo que ele não se preocupava com a saúde dela, e não lhe dava carinho. Estava muito irritada, inclusive no grupo, não aceitando o tratamento e mesmo a medicação não surtiu o efeito esperado. Resolvemos então realizar uma sessão familiar, da qual participaram, essa paciente, que tem cinqüenta e cinco anos, seu marido com cinqüenta e seis anos e três filhos adultos — duas mulheres e um homem. Inicialmente perguntamos a ela como se sentia por estar ali com toda a família, e se queria começar a falar. De maneira um pouco irritada nos disse: "Justo eu vou falar? Já sabia que era eu". Seu marido então tomou a palavra e disse achar que sua mulher estava muito irritada e que era intolerante com tudo. A sessão "pegou fogo" e os membros começaram a interagir entre si fazendo inclusive com que o diretor ficasse um pouco esquecido nesse conjunto. Já nesta primeira sessão foram ditas coisas muito fortes de um para o outro. A filha mais nova, que tem vinte e cinco anos, casada, com três filhos, disse à mãe entre lágrimas que se lembrava de atitudes muito cruéis dela, que a mãe várias vezes havia tentado o suicídio e que considerava isso um charme para chamar a atenção. Disse também que quando tinha onze anos sentiu cheiro de gás vindo do banheiro, onde sua mãe havia ligado o aquecedor. Contou que batia na porta e a mãe não queria abrir. Neste momento notamos que os olhos de nossa paciente ficaram lacrimejantes. Esta moça, durante quatorze anos, guardou tudo isso, e o simples fato de lhe termos propiciado que essas recordações fossem relatadas, permitiu que houvesse modificações nos laços afetivos.

No que se refere à dramatização, nós a utilizamos principalmente quando um dos membros começa a manipular demasiadamente o grupo e os outros se atemorizam, ou quando existe uma situação em que se percebe que o indivíduo esteja omitindo fatos. A dramatização permite que estes fatos se tornem claros e a interação se estabeleça com bastante transparência.

Um dos problemas que ocorrem no Psicodrama Familiar é que a família tem uma dinâmica muito bem definida, uma hierarquia muito bem montada. O diretor e os egos precisam ser muito cuidadosos para não romper esta situação. É muito comum, por exemplo, o pai adotar uma atitude de quem sabe tudo, de ser aquele que dá ordens e que ensina. O diretor deve tomar cuidado em não atacar esta atitude que vê claramente, mas que é uma ordem que já existe na família. Pode, no entanto, manejar a situação de maneira que os outros membros da família que se sintam incomodados com as atitudes de autoridade desse pai possam se rebelar contra isto, mas nunca o diretor diretamente.

Quanto aos comentários, em geral, não é necessário que o diretos e os egos façam muitos. Esta fase pode ser bem curta, pois qualquer comentário poderá movimentar a dinâmica dessa família que os terapeutas não conhecem bem. Os membros da família se comunicam através de olhares e sorrisos e quando eles falam alguma coisa com os outros já sabem o significado daquilo. Assim, o melhor é que o diretor, os egos e a dramatização funcionem como catalisadores dessa interação, desse confronto entre os membros da família, evitando interferir com comentários e análises. É evidente que os comentários podem ser feitos, de acordo com a maior ou menor experiência dos terapeutas, mas nunca em excesso.

O Psicodrama Familiar é bastante importante principalmente nos casos em que um membro da família já ficou com o estigma de ser doente. Todos o consideram doente, colocam-no lugar de doente e não permitem que ele saia desse papel. Neste momento, devemos voltar nossa atenção para o paciente e criar situações onde ele possa manifestar sua opinião e tentar deixar o papel de doente. Deste ponto em diante, devemos trabalhar não com a doença do paciente, mas como os vínculos intrafamiliares.

Se durante essas sessões familiares surgir um outro membro que esteja muito doente, que esteja com dificuldades nesse relacionamento ou que esteja produzindo doença, a esse indivíduo numa entrevista com o diretor se poderá sugerir que faça um tratamento psicodramático adequado ao seu caso.

Alguns terapeutas costumam realizar sessões de Psicodrama na própria casa do paciente, mas nós acreditamos que isto só deve ser feito em situações especiais, no caso, por exemplo, de um paciente com um quadro fóbico muito intenso e que não saia de casa. Normalmente, convidamos os membros da família a virem ao consultório. O manejo em casa do paciente se torna mais difícil, pois os indivíduos se sentem mais protegidos, pois estão em território próprio. No consultório ficam menos protegidos e as barreiras podem ser rompidas mais facilmente e assim aparecerem novos tipos de situações.

Quando pretendemos começar um tratamento familiar, inicialmente chamamos o chefe da família para conversar e ver a possibilidade de realizar esse trabalho. Isto porque, além de ser ele quem paga a terapia e assim podendo bloqueá-la, seria o indivíduo com maiores possibilidades de mobilizar o grupo a fazer terapia. Assim, quando temos um paciente com muitos problemas com a família, chamamos o pai desse paciente ou a pessoa que dirige essa família e após uma entrevista individual, se ele e o paciente estiverem de acordo, marcamos a primeira sessão para o Psicodrama Familiar.

8. SOCIODRAMA

Existe, de certa maneira, alguma confusão em relação ao que vem a ser o Sociodrama, pois pode-se imaginar que possa ser um estágio, uma etapa anterior ao Psicodrama ou uma abordagem mais social com técnicas dramáticas.

O conceito de Sociodrama, na verdade, se refere a uma terapêutica de grupos naturais, ou seja, grupos que convivem normalmente entre si, como, por exemplo, grupos de trabalho, alunos de uma mesma classe, ou profissionais de uma mesma área de atividade. É a terapêutica desses grupos que se denomina Sociodrama.

O Sociodrama visa, basicamente, trabalhar com dois papéis — o de profissional e/ou o de colega do grupo natural. O diretor deve ater-se a esses dois papéis e não a outros, como, por exemplo, os familiares. Assim, se o indivíduo diz que seu problema no desempenho profissional está relacionado com dificuldades com os filhos ou com a esposa, o diretor não deverá tomar este material como tema para dramatização.

O Sociodrama funciona, em alguns aspectos, como o Psicodrama Familiar. As pessoas quase sempre se conhecem e percebem coisas além daquelas que o diretor e o ego-auxiliar podem perceber, porque atuando juntas há muito tempo, sabem que quando determinada pessoa fala uma frase, está querendo chegar a alguma coisa ou o que é que está implicado naquele assunto. O trabalho do diretor deve ser, basicamente, aquecer o grupo para que eles interajam o mais livremente possível; fazer a dramatização e favorecer a interação na fase de comentários, evitando exagerá-los, tal como no Psicodrama Familiar, pois a própria interação dos membros do grupo é bastante intensa e produz muitos resultados. O diretor deve evitar correr o risco de considerar assuntos afastados da ideologia daquele grupo. Algumas coisas podem ser ditas, mas os comentários devem ser mais reduzidos do que em outros psicodramas terapêuticos.

Recordamo-nos de uma sessão com uma equipe de engenheiros onde emergiu como protagonista um indivíduo que tinha queixas do chefe. Essas queixas foram feitas e quando terminou a dramatização, o chefe estava muito emocionado e imediatamente convocou várias reuniões para resolver os problemas que foram levantados durante a dramatização. O interessante é que para nós, diretor e ego, não nos parecia que tinham surgido tantas coisas assim nessa dramatização, mas para eles, o que veio à tona era vital. Nós que pertencíamos a um outro campo de trabalho, não sentíamos tudo aquilo com a mesma intensidade daqueles indivíduos que participavam do grupo de Sociodrama.

Em um Psicodrama Familiar (também denominado Sociodrama Familiar por alguns autores), do qual nos recordamos que serve para exemplificar bem a situação que descrevemos acima, a filha dizia ao pai que este cuidava mais do irmão do que dela e que para o irmão ele tentava até arranjar namorada e que nunca tinha se importado com quem ela namorasse. Nesse momento, o pai protestou dizendo: "Mas como não? Eu não concordo com isso, pois veja aquela vez que...". Nesse momento a filha o interrompeu dizendo: "Pára, pára, eu já sei o que o senhor vai falar. O senhor tem razão". Como participam da história juntos eles já sabem dos fatos e antecipam muitas situações que vão ocorrendo durante a interação.

O Sociodrama, a nosso ver, é um dos aspectos mais importantes na teoria de Moreno, porque visa fazer com que se atue sobre ambientes naturais. É um instrumento que permite que o tratamento saia dos consultórios e hospitais e vá atingir os indivíduos no seu ambiente. Isto se torna muito importante porque além de não tirar o indivíduo do seu ambiente criando uma situação artificial, como no caso de grupos terapêuticos de consultório e hospitais, a atuação é muito eficiente, exatamente por essa interação ser muito intensa entre seus componentes. É importante também porque permite fazer-se uma psicoterapia preventiva, ou seja, observar-se casos de indivíduos que estejam muito mal ou desajustados e que necessitem de um atendimento psiquiátrico mais adequado. A importância social do Sociodrama é muito grande.

No Sociodrama, o diretor deve visar sempre a dinâmica de grupo e não se ater a um protagonista de forma fixa, tentando simplesmente corrigir determinado comportamento, mas trabalhar sempre na interação do grupo. O protagonista sempre é o grupo. É evidente que quando existe uma situação grupal em que um indivíduo traz um tema, esse indivíduo pode dramatizar, mas na fase de comentários o tema deve ser sempre levado a todos. Por exemplo, no grupo de engenheiros, anteriormente citado, o indivíduo relata sua dificuldade de tratar com os peões. Faz-se uma dramatização onde ele mostra como trata os peões — na conversa aparece uma série de dificuldades. Na fase de comentários em lugar de se ater às dificuldades inerentes àquele indivíduo e aos seus traços de personalidade, devem-se ampliar as dificuldades para todos os indivíduos em situações de confronto com os peões.

Quase sempre os resultados do Sociodrama, já em algumas sessões, são bastante eficientes, e os participantes têm tendência a ficar conversando muito tempo sobre os fatos ocorridos nas sessões.

Costumamos também neste caso limitar o número de sessões — seis ou oito. Se for necessário, que sejam feitas mais sessões, combina-se após o final do tempo contratual estabelecido.

No que se refere ao manejo, existe um dado muito importante. Os indivíduos que participam do Sociodrama devem saber que os papéis que vão ser jogados nas dramatizações não são significativos para mudanças após o término delas. Assim, se no grupo temos um chefe e subordinados, precisamos criar um clima permissivo para que eles digam ao chefe aquilo que querem e o chefe também faça o mesmo, mas que fique muito claro que a estrutura social de chefia e subordinado é algo que transcende ao Sociodrama, pois este não tem poder deliberativo para mudar os papéis sociais desse grupo. Desta maneira, um empregado poderá falar ao seu patrão o que acha dele ou o que pensa da forma como ele atua, mas deve ficar claro que acabada a sessão, ele continua empregado e o outro patrão, pois isto faz com que os indivíduos se tranquilizem e se permitam atuar mais livremente. Por outro lado, deve-se também avisar que esta é uma situação em que todos vão falar livremente a respeito do que sentem e que não deverão ocorrer punições por algo que foi dito. Se houver discordâncias ou problemas que provoquem mágoas ou ressentimentos, deverão ser trazidos na sessão seguinte, sendo considerados como material terapêutico.

No início do contrato de Sociodrama deve-se deixar bem claro que durante o tempo em que ele estiver sendo realizado, não deverão ocorrer mudanças hierárquicas na estrutura grupal. Essa estrutura deverá permanecer a mesma durante o período contratual; depois o grupo poderá fazer algum remanejamento se quiser, mas já não estará sendo diretamente estimulado pelas sessões, a não ser quanto à bagagem que os indivíduos adquiriram.

9. TREINAMENTO DE PAPEL (*ROLE-PLAYING*)

Trata-se de criar situações para o desenvolvimento de determinado papel. Esta técnica é bastante últil porque permite colocar o indivíduo frente a situações muito semelhantes àquelas reais. Se se quiser fazer, por exemplo, *Role-Playing* para professores, cria-se uma sala de aulas, onde os participantes do grupo que vão se comportar como alunos reais. O professor, que vai fazer o *Role-Playing* frente a diversas situações terá uma vivência muito aproximada daquela que o espera numa classe com alunos de fato (Fig. 5.2).

Isto é muito importante porque faz com que o indivíduo vivencie o papel numa situação mais protegida, onde serão apontadas pelo grupo as suas falhas e os acertos no seu desempenho. Nessa situação terá oportunidade de desenvolver o papel de professor mais rapidamente que na situação real.

Em nossa sociedade, as pessoas desenvolvem seus papéis já diretamente na vida real. Por exemplo, um estudante de medicina começa a aprender na prática como lidar com o doente, o que não é muito desejável, pois esse contato direto, por insegurança ou outros fatores, poderá provocar erros em situações muito delicadas. O mesmo no caso de um professor: o indivíduo, que pode ter sido um excelente estudante, ao começar a dar aulas, poderá não conseguir manter a disciplina, agindo os alunos com chacotas e brincadeiras, anarquizando o trabalho. Esse indivíduo que estudou tanto, não consegue ensinar, e de nada lhe valem os seus conhecimentos, pois não está no exercício pleno de sua função porque não desenvolveu bem esse papel. O *Role-Playing* permite criar condições muito próximas à situação real, de uma forma protegida.

No início do aquecimento o indivíduo sente a dramatização como irreal, mas depois isto se modifica e ele se comporta como o faria na vida real. O professor do exemplo acima, pode, no início, ter dificuldades, mas depois de certo tempo passa a se comportar como o faria numa classe.

Existem exemplos de *Role-Playing*, naturalmente não advindos da técnica psicodramática, em situações muito especiais. Por exemplo, no caso dos astronautas, antes de partirem para o espaço criam-se situações físicas semelhantes àquelas que irão encontrar. Este treino é necessário para o êxito da missão, pois o indivíduo pode estar muito bem preparado fisicamente, saber tudo a respeito da nave espa-

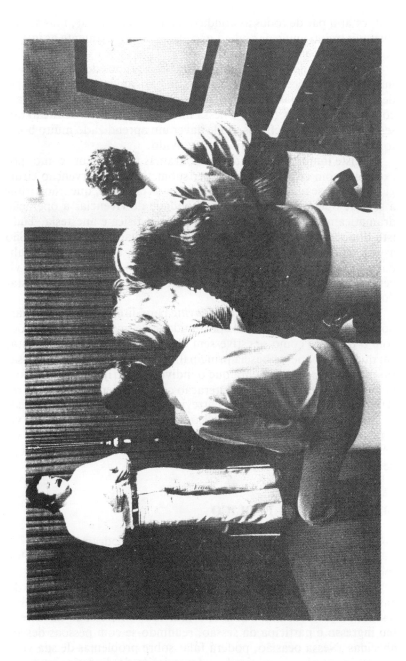

Fig. 5.2 — Treinamento do papel de professor no "como se" dramático.

cial, estar a par de todas as condições que irá encontrar, mas se não tiver um treino anterior poderá não executar corretamente as instruções que lhe forem transmitidas.

Em nosso meio estão muito difundidos grupos de orientação de mães. São mulheres que se reúnem para basicamente treinar o papel de mãe. São criadas certas situações onde essas mães se defrontam com problemas dos filhos, e nessa interação e na dramatização dos seus problemas específicos, pode haver um aprendizado muito bom, tornando o papel bem mais desenvolvido.

Existe também o caso dos psicodramas profiláticos, como, por exemplo, com crianças que vão ser submetidas a intervenção cirúrgica. Fazem-se algumas reuniões com essas crianças, que irão visitar a sala de operação, tendo a oportunidade de vivenciar a operação dramaticamente com relação à sua posição física e anestesia. Tudo isto diminui o pânico da criança frente à situação da cirurgia. São assim, situações de *Role-Playing* especial com determinadas finalidades. O mesmo pode ser dito para um grupo de gestantes que vivenciarão situações de parto e pós-parto, diminuindo assim os estados de tensão muito intensos.

É muito importante o *Role-Playing* para diretores e ego-auxiliar, no qual os indivíduos terão oportunidade de vivenciar as situações com o paciente como se estivessem com ele. No caso do terapeuta, em que o seu papel se baseia principalmente na interação, é necessário muito *Role-Playing* para que o indivíduo corrija certos comportamentos inadequados nessa interação com o paciente. No que se refere, por exemplo, à primeira entrevista: como se dirigir ao paciente, que perguntas fazer, que situações podem ocorrer. É possível vivenciar em *Role-Playing* pelo menos as situações mais freqüentes de uma primeira entrevista ou durante o tratamento, como o manejo de agressão, sedução e depressão.

10. PSICODRAMA PÚBLICO

O Psicodrama Público foi o berço do Psicodrama.

É freqüentemente realizado, quando se pretende divulgar o Psicodrama, ou em congressos e encontros.

Este tipo de Psicodrama é caracterizado pelo grande número de participantes. Os indivíduos estão reunidos como grupo somente nessa sessão. No Psicodrama Público, o indivíduo interessado adquire o seu ingresso e participa da sessão, reunindo-se com pessoas desconhecidas. Nessa ocasião, poderá falar sobre problemas de sua vida que serão ou não dramatizados, dependendo da dinâmica grupal e da visão do diretor.

A validade terapêutica desse tipo de Psicodrama é discutível. Se o diretor conseguir tirar um emergente grupal, este se libera do auditório, desliga-se dos outros e é capaz de contar e dramatizar os seus problemas da mesma maneira como o faria em uma sessão de Psicodrama terapêutico com um grupo menor. Freqüentemente o grupo participa intensamente da dramatização e dos comentários.

No Instituto Moreno em Nova York eram realizadas duas sessões semanais de Psicodrama Público. Nele, o terapeuta deve ter certos cuidados com relação à repercussão que pode trazer ao protagonista, pois se o diretor e o auditório o estimularem a contar coisas muito pessoais ou muito íntimas, ele poderá fazê-lo, sentindo-se depois muito exposto.

A dificuldade em se fazer o Psicodrama Público está quase sempre no bom aquecimento — o diretor saber manejar grandes grupos. Isto poderá ser feito de uma forma verbal ou com outras técnicas. No primeiro caso, o diretor deverá estar em contínua interação com o grupo, explicando os objetivos do trabalho e interrogando o auditório com relação ao que foi dito até que surja um assunto que polarize a atenção de todos e emerja um protagonista que represente bem esse tema. Além dessas técnicas verbais, podem ser usados outros instrumentos, como, por exemplo, vimos em certa ocasião o uso de bolas que foram jogadas ao auditório e este começou a interagir entusiasticamente ao tentar disputá-las. O grupo que estava frio e passivo, se coloca numa atitude aquecida e ativa, passando a desempenhar com maior facilidade as cenas quando necessário. Devemos salientar que o papel do ego-auxiliar foi muito importante. Neste exemplo — o das bolas — vários egos ficaram batendo-as no chão, passeando entre o público, até que as pessoas começaram a brincar tentando jogar ou roubar essas bolas, iniciando-se a interação.

O Psicodrama Público pode ser muito útil e ajudar o protagonista e os membros do auditório, mas não devemos esquecer que é um tipo de Psicodrama com suas limitações, pelo menos por enquanto, uma vez que a psicologia das grandes massas ainda não é bem conhecida e é necessário que muitas pesquisas ainda sejam feitas neste campo. O Psicodrama Público pode ser muito útil quando se pretenda iniciar o Psicodrama em uma determinada cidade onde ainda não seja bem conhecido. Uma palestra com um bom aquecimento e depois a demonstração, poderão provocar uma mobilização de interessados dessa cidade em relação à técnica e ao aprendizado de forma sistematizada.

Esta técnica é extremamente forte e mobilizadora. Moreno desenvolveu o psicodrama a partir das sessões públicas do teatro da espontaneidade. Vide o caso de Bárbara e Jorge no Capítulo I.

O Psicodrama Público levanta algumas questões teóricas importantes a respeito das psicoterapias, tais como: o papel da privacidade e da exposição, o conceito de momento terapêutico, os limites entre a individualidade e a opinião pública.

Será o Psicodrama Público, no futuro, o instrumento terapêutico para grandes massas?

CAPÍTULO VI

TÉCNICAS AUXILIARES

O Psicodrama utiliza-se de vários recursos que permitam aos pacientes um maior desenvolvimento de suas capacidades para executar os atos de forma espontânea e criativa.

Neste capítulo citaremos algumas técnicas freqüentemente usadas: Treinamento Sensorial, Jogos Dramáticos, Psicodança e Expressão Corporal.

1. TREINAMENTO SENSORIAL

Sob esta denominação realizam-se certos jogos que permitem ao paciente concentrar sua atenção sobre determinados sentidos, tais como audição, olfato, tato e visão.

Esses jogos podem ser realizados em sessões especialmente marcadas para esse fim, ou tomar uma parte da sessão de Psicodrama durante o aquecimento ou dramatização. Mais freqüentemente usado na primeira fase.

Vejamos alguns exemplos dessa técnica:

1 — Colocam-se os indivíduos sentados no palco e de olhos fechados. Pede-se que comecem a apalpar o próprio rosto, procurando saliências, depressões e verificando a textura da pele, procurando através do tato as características do seu próprio rosto, redescobrindo a própria face. Isto pode ser feito também com relação à mão ou a outras partes do corpo.

É muito comum que o indivíduo, estando bastante concentrado e fazendo este tipo de jogo, comece a reparar em certas características do seu rosto que não havia percebido anteriormente.

2 — Jogo do nascimento. Coloca-se o indivíduo sentado numa cadeira, com a cabeça caída entre as pernas e os braços pendentes (Fig. 6.1).

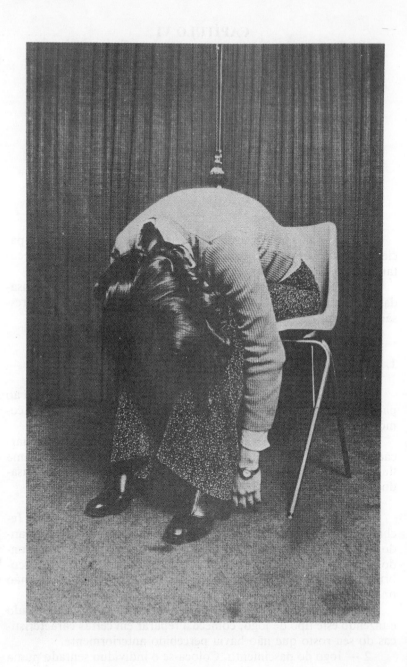

Fig. 6.1 — Posição inicial do jogo do nascimento.

Sugerimos que inicialmente ele comece a sentir o ar entrando em seus pulmões e passe a fazer o jogo como se tudo o que ele sente seja algo inteiramente novo, como se estivesse nascendo naquele instante e não soubesse nada sobre o que está ocorrendo ao seu redor.

Esta técnica permite que os indivíduos comecem a se aperceber de sensações proprioceptivas através dos movimentos musculares.

Assim, o fato de levantarem ou não a coluna ou os braços, fazemnos voltar-se para os grupos musculares envolvidos nesses movimentos. Outros voltam-se mais para aspectos sensitivos e táteis, procurando a textura do tablado ou da própria perna.

Quando esse jogo é feito individualmente, a pessoa se atém ao corpo e ao tablado, mas quando é feito em grupo, freqüentemente ocorre que os pacientes passem também a pesquisar as outras pessoas.

3 — Estas técnicas sensoriais podem também ser realizadas com objetos. Assim, colocam-se vários objetos, como por exemplo uma cesta de laranjas, e pede-se que cada um, de olhos fechados, escolha uma e apenas com o tato vá percebendo essa laranja. Depois todas as laranjas são colocadas novamente na cesta e pede-se a cada um que tente descobrir qual delas é a sua.

Naturalmente, estas técnicas têm efeitos por si mesmas: o indivíduo começa a dar atenção a certas características dos seus sentidos, a que talvez não tenha dado atenção antes, e com isto também produz-se um relaxamento.

Como dissemos no item "O papel da ação na atividade psíquicaç", o fato de o indivíduo conseguir concentrar-se num tipo de atividade, tem por correspodência cerebral uma área de excitação. Ao redor desta se estabelece uma zona de indução negativa, que permite aos neurônios dessa zona uma diminuição na sua atividade com uma correspondente sensação subjetiva de relaxamento.

Se o paciente vem para o grupo bastante angustiado e participa de jogos sensoriais, ele se tranqüiliza e começa a se sentir bem, esquecendo-se dos seus problemas e dificuldades. Sai da sessão com uma sensação de bem-estar, podendo achar que está se preocupando demais com certos problemas e que se conseguisse afastar-se um pouco deles como fez durante a sessão, abandonando-se a um outro tipo de tema, relaxaria e veria novas soluções.

Estes jogos sensoriais não são usados apenas em Psicodrama, pois existem terapias que são feitas principalmente através deles. Também são muito usados como técnica complementar nos grupos de encontro. Nesses grupos, em que os indivíduos ainda não se conhecem, eles favorecem muito o entrosamento grupal. Nos grupos em que as pessoas guardam muita distância entre si, esta técnica pode favorecer o aparecimento rápido de comunicação e de estreitamento de relações entre essas pessoas.

Algumas preocupações devem ser tomadas com relação a esses jogos. Quanto ao Psicodrama, deve-se fazer com que não seja dada uma importância muito grande de modo a absorver o restante, pois muitas vezes o grupo pode se interessar pelos jogos como uma forma de escapar ao relato de problemas. Desta maneira, fica-se no jogo pelo jogo, e as sessões ficam muito agradáveis, mas outros problemas existenciais que podem estar ocorrendo com os pacientes não são trazidos ao grupo.

Outra situação que exige certo cuidado, se refere a grupos em que estão ocorrendo ligações entre alguns dos seus membros, pois favorece o aparecimento de *acting out*. Esta situação precisa ser manejada e o terapeuta deve estar atento sabendo que os jogos podem desencadear este tipo de atuação, pois conforme a característica dos pacientes, poderá ser benéfico ou prejudicial.

Estes jogos sensoriais quando feitos com grupos de pacientes novos ou muito moralistas podem também assustá-los, pois esses indivíduos poderiam ter a sensação desses jogos como algo promíscuo, por exemplo, quando da pesquisa do rosto ou das mãos de um outro.

Basicamente usamos esta técnica quando existe uma dificuldade de contato no grupo e as pessoas estão muito isoladas. É uma técnica que favorece o intercâmbio, o diálogo e a coesão grupal.

Pode ser usada como aquecimento, principalmente quando não surgem temas relacionados com os sentidos ou com a sexualidade. Assim, pode favorecer o aparecimento de temas de ordem sexual, que em determinados grupos são muito bloqueados e dificilmente aparecem.

Com os jogos despontam certas características das diversas tipologias. Assim, o histérico, que valoriza muito o seu "sentir", após um jogo desses, começa a relatar muitas sensações. Um obsessivo, pode relatar poucas coisas a respeito da estimulação, por não valorizar tanto o "sentir" quanto o histérico. Na fase de comentários, podemos perceber certas características tipológicas bastante importantes e que depois se tornam úteis nas dramatizações, com o aparecimento de problemas relacionados com um exagero de valorização ou desvalorização desta parte sensorial.

2. JOGOS DRAMÁTICOS

Sob este título existe uma grande quantidade de jogos que podem ser utilizados em Psicodrama, muitos dos quais derivam do teatro. O jogo do nascimento que citamos no capítulo anterior também é usado em teatro para treinamento de atores.

Uma infinidade de jogos dramáticos pode estreitar os laços entre os elementos de um grupo e favorecer o surgimento do protagonista. Há vários tipos. Vejamos alguns exemplos:

1 — Os indivíduos tiram os sapatos e começam a andar no palco em círculo. Nesse momento, pedimos a eles que imaginem que estão andando num chão de cimento. Em seguida, vamos dizendo que o chão está ficando quente e eles passam a correr até chegar à beira de água fresca. Depois dizemos que estão pisando sobre pedregulhos. Evocamos assim um conjunto de imagens para o grupo todo e conforme a capacidade dos indivíduos de jogarem com essas imagens eles terão maior ou menor resposta ao estímulo verbal emitido pelo terapeuta. Este é um elemento diagnóstico que permite ver qual o grau de envolvimento, assim como perceber também os bloqueios dos indivíduos que modificam pouco o andar, por exemplo, se estão caminhando sobre grama ou pedregulhos.

2 — Os indivíduos com os braços cruzados deverão expulsar os outros do palco, ganhando aquele que permanecer no mesmo. Podemos aí observar uma série de características dos pacientes. Existem aqueles que evitam o choque corporal e, ao menor empurrão, caem fora do palco. Outros lutam desesperadamente como se fosse questão de vida ou morte. Há os indivíduos que se atiram à luta de uma forma muito violenta e há os que se esquivam. Existem situações em que o que luta violentamente contra outro, que se esquiva, cai do palco quando este tira o corpo. Estas formas de comportamento, num jogo dessa natureza, permitem pesquisar os elementos do grupo e favorecem uma maior percepção de como o indivíduo se coloca frente a situações novas e de jogo.

3 — Imaginar a situação em que estejam todos num barco salva-vidas depois de um naufrágio. Observamos então se eles imaginam, por exemplo, se no bote há ou não alimentos, água, vara de pescar, remos, lanterna de sinalização etc. Se vão remar ou vão ficar parados esperando socorro, que rumo irão tomar. Notamos também os elementos que tomam a liderança às vezes somente no início, não conseguindo conduzir o grupo de acordo com sua opinião, perdendo a liderança para outro que, inicialmente, se mantinha calado. Observamos indivíduos que têm pensamento alternativo e probabilístico, isto é, quando o grupo decide, ele começa a questionar onde estará o Norte ou se remar não levaria a um perigo de vida maior do que ficar parado. Da mesma maneira poderíamos sugerir que os indivíduos imaginassem estar numa ilha deserta, ou em outras situações perigosas.

4 — Jogos de ritmo. Colocam-se elementos do grupo de maneira que uns andem na longitudinal do palco e outros na transversal,

pedindo que o façam numa marcha constante e que não permita que se choquem. São jogos em que eles devem avaliar o próprio ritmo e o do outro para não se chocarem. Começamos colocando um indivíduo andando na longitudinal e vamos acrescentando vários outros em outras linhas sem se esbarrarem reciprocamente.

5 — Jogos de espaço. Pede-se ao indivíduo que se imagine dando uma aula e preste especial atenção num quadro-negro fictício. Veremos como consegue a movimentação para apagar esse quadro-negro no ar, de tal maneira que faça com que os outros percebam bem a situação. Ao pegar o giz, escrever e apagar, veremos se consegue dar a noção espacial do quadro-negro e verificaremos também se o ritmo como executa tais movimentos nos dará a sensação de realidade.

Jogos dramáticos costumam ser muito utilizados no treinamento de egos-auxiliares, onde são observados, inclusive, os seus movimentos com relação ao protagonista. Se imaginarmos que o protagonista é um adolescente que está em conflito com o pai e diz que este é um indivíduo que quando o repreende o faz suavemente, o ego-auxiliar deve saber que o seu movimento tem que ser suave com relação ao protagonista. Se a cena for em pé, ele deve circular lentamente de um lado para o outro' do palco em torno do paciente, enquanto vai falando de maneira amena. Se um pai for agressivo, o ego-auxiliar anda em linha reta na direção do protagonista num tom de voz e ritmo de fala coincidentes com esse traçado de linha no palco. Todas essas situações devem ser treinadas pelo ego-auxiliar. Por exemplo, se na cena o protagonista diz que no meio da sala existe uma mesa, o ego-auxiliar deve imaginá-la e sempre que se movimentar precisa respeitar esse espaço, não atravessando pelo lugar onde foi "colocada" a mesa, o que pode tirar o protagonista do papel. Ele deve contornar aquele espaço durante a dramatização porque o protagonista pode estar bastante ligado à cena e ter uma imagem quase que sensorial daquela mesa.

Com os jogos dramáticos podemos focalizar certos aspectos específicos, como por exemplo, estudar o ritmo no jogo do andar sem se chocar; como o indivíduo usa o espaço, no caso da mesa de centro e do quadro-negro. Quanto à capacidade de fantasiar, no exemplo do indivíduo que está num barco ou numa ilha.

Podemos ver ainda especificamente como os indivíduos localizam emoções em certas partes do corpo fazendo um jogo no qual os integrantes do grupo andem em círculo e em determinado momento se imaginem tristes. Como andam quando estão tristes? E neste andar em que lugar do corpo sentem a tristeza? Depois pedimos que se imaginem com raiva. Em que parte do corpo localizam a raiva? Que sensações corporais surgem quando estão com raiva? O mesmo, para saudade e outras emoções.

Com relação ao esquema corporal, podemos fazer jogos do seguinte tipo: pedir que o indivíduo ande enquanto os outros o observam dizendo com que animal se parece. Por exemplo, pode andar como se fosse uma gazela, um urso ou um cachorro. Esses jogos realçam certas características dos indivíduos e podem dar aos pacientes uma melhor visão do seu esquema corporal.

No caso da localização de emoções no corpo, se o indivíduo quando está triste sente um aperto no peito, esse treinamento pode ser útil ao paciente, pois quando em outras situações ele sentir um aperto no peito já consegue associar esta sensação com a tristeza e vai procurar o estado anímico que provocou este aperto.

3. PSICODANÇA

Em Psicodança basicamente procuramos fazer com que os indivíduos comecem a realizar atos criativos quando estimulados por determinadas músicas e permitir que se libertem de certos bloqueios corporais.

A Psicodança necessita de um bom trabalho de ego-auxiliar, que esteja bem treinado para facilitar o aquecimento dos pacientes a exercerem os movimentos mais livres possíveis. Egos-auxiliares que aprenderam balé ou outros tipos de dança são os mais indicados. Existem várias maneiras de se iniciar. Em uma delas pedimos aos pacientes que tirem os sapatos e sentem no chão, pois este contato vai facilitando uma atitude mais à vontade. Com os indivíduos sentados em círculo, passamos a tocar uma música. Pedimos a eles que comecem a se movimentar de acordo com o ritmo da música. O ego-auxiliar, situado no centro do círculo, também vai acompanhando com seu corpo os movimentos que a música lhe sugere e vai estimulando os pacientes a que o acompanhem.

Em outra forma podemos fazer com que os indivíduos, em pé, coloquem a mão sobre os ombros de seus vizinhos, e comecem a formar um grupo que siga o ritmo. À medida que vamos mudando de música, vai havendo um aquecimento gradativo, e depois de um certo momento, alguns indivíduos se soltam de maneira bastante intensa ao ritmo. Assim, por exemplo, numa batucada, indivíduos que têm bloqueios, podem se soltar e pular muito livremente. É necessário, porém, que haja sempre um bom aquecimento (Fig. 6.2).

Na Psicodança podemos fazer com que os indivíduos sigam simplesmente a dança e o ritmo ou criamos situações dramáticas dentro da dança. Por exemplo, se tocarmos uma música que sugira luta, o ego-auxiliar começa a dançar e ao mesmo tempo representar um

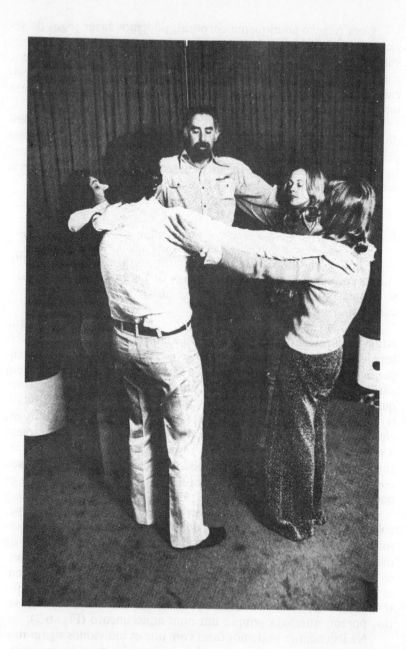

Fig. 6.2 — *Uma das posições iniciais de aquecimento para a psicodança. A partir dessa posição o grupo irá se movimentar de acordo com o estímulo sonoro.*

lutador. Neste momento, freqüentemente, ocorre emergir um ou mais protagonistas que começam também a dançar como se estivessem lutando com o ego-auxiliar. Depois, a música muda para uma situação de funeral e o ego-auxiliar morre na luta. O grupo continuando no ritmo vai fazer o enterro do ego-auxiliar ou de outro indivíduo que tenha recebido a senha do diretor. Desse enriquecimento com essa pequena história, que ocorre dentro da dança, poderão surgir emoções e recordações muito fortes nos indivíduos que dela participam.

A Psicodança, assim como o treinamento sensorial, pode desenvolver fortes sentimentos: emoções de aconchego e união entre os elementos do grupo, ciúme, competição. Quase sempre, após uma sessão destas, os indivíduos se relaxam e se sentem muito bem.

Esta técnica é especialmente útil para indivíduos que têm inibições corporais. Estes jogos favorecem o desbloquear emoções e facilitam movimentos mais soltos, livres, espontâneos e criativos. Além disto, poderá ser desencadeante de temas que poderão ser posteriormente trabalhados psicodramaticamente.

Após a realização da Psicodança, os participantes se sentam no palco, em círculo, e comentam como sentiram a si mesmos e aos outros durante a sessão. Certos temas podem ser levantados e serão tratados na sessão seguinte sob a forma de Psicodança ou Psicodrama.

4. EXPRESSÃO CORPORAL

Já há bastante tempo muitos autores vêm-se preocupando com o corpo para tratamento de problemas psíquicos. É o caso de Wilhelm Reich que desenvolveu o conceito de couraça muscular. Esta couraça poderia estar bloqueando a possibilidade de o indivíduo superar uma série de situações em sua vida, que adviriam de problemas ou traumas de infância. Outros autores se preocupam com os movimentos e posturas caracteriológicas de certas doenças, como a de um esquizofrênico catatônico, de um depressivo, de um histérico, enfim, a manifestação corporal de moléstias psíquicas. Este enfoque salienta a influência que o psíquico tem sobre o sistema osteomuscular e também o inverso, ou seja, a importância de atuarmos sobre o sistema osteomuscular para a resolução de problemas psicológicos.

Neste sentido, a Expressão Corporal vem a ser uma técnica complementar muito útil ao Psicodrama, pois atua basicamente sobre o sistema osteomuscular, tanto no que se refere ao reconhecimento de sensações do indivíduo consigo mesmo, quanto criando situações que permitam perceber de que maneira as modificações espaciais, posturas corporais e mímica de seu corpo facilitam ou dificultam sua comunicação com os outros. Com este objetivo, a expressão corporal utiliza a ginástica e também movimentos de tipo mais livre. Assim, pode-se fazer ginástica com determinadas regiões musculares, como por exemplo, do pescoço, da respiração, ou tentar estabelecer correlação entre exercícios de certos grupamentos musculares com determinados tipos de emoção. Também trabalhar para o desenvolvimento de movimentos espontâneos, fazendo com que o indivíduo comece a criar figuras, posturas e movimentos novos e tentar jogar com outras pessoas, criando movimentos e relações do tipo corporal.

Este tipo de trabalho é importante para todos os indivíduos, mas particularmente para aqueles que apresentam grandes inibições corporais, como os que têm posturas muito rígidas, muita inibição motora e grande dificuldade em se relacionar. Pode interferir, por exemplo, com a musculatura da fala, tom de voz, que estão muito relacionadas à liberação de determinados grupos musculares. São exercícios que permitem ao indivíduo liberar suas emoções através do corpo.

Não existe uma delimitação muito precisa entre o que seria Treinamento Sensorial e Expressão Corporal. No que se refere à Expressão Corporal, basicamente trabalha-se com o sistema osteomuscular e a postura espacial, o nível tensional, que ocorre a nível de músculos e tendões, estão sendo continuamente solicitados. No Treinamento Sensorial, trabalha-se mais com os sentidos: sensações táteis, auditivas, olfativas e visuais.

No caso da Expressão Corporal, exercita-se o sistema osteomuscular para maior liberação de emoções e também para que o indivíduo seja dono do seu próprio corpo, que consiga fazer dele um instrumento através do qual ele possa veicular suas emoções no desempenho de um determinado papel. Por exemplo, no papel de um professor, existem seus conhecimentos técnicos além das várias maneiras de desempenhá-lo. Com um treinamento de postura, do esquema corporal, do tom de voz, pode haver aperfeiçoamento do desempenho deste papel.

Em geral as sessões de expressão corporal são iniciadas com ginástica respiratória e, a seguir, com a de certos grupos musculares. Depois é apresentado um tema sobre o qual a pessoa poderá criar livremente. Ele é dado em função dos grupos musculares que foram aquecidos. Por exemplo, iniciando com ginástica que levaria a movimentos de torção de cabeça, braços e tronco, o tema poderia ser o de remador ou arremessador de discos.

Também podem ser usados estímulos como sons, sombras e luzes. A Expressão Corporal pode ser realizada em sessões marcadas com esse objetivo ou introduzida durante uma sessão de Psicodrama na fase de aquecimento ou de dramatização, principalmente na primeira. Pode ainda ser utilizada especificamente no caso de um protagonista que esteja com um forte bloqueio muscular, pois esses exercícios facilitam a liberação de certas emoções e o aprendizado de papéis pouco desenvolvidos que o estejam travando.

Todas estas técnicas auxiliares citadas até aqui, Psicodança, Treinamento Sensorial, Expressão Corporal e Jogos Dramáticos, podem ser levadas a efeito paralelamente ao tratamento psicodramático. Em alguns casos, especialmente onde exista grande bloqueio corporal, é muito útil que o indivíduo, além de realizar sessões de Psicodrama, faça também sessões onde são usadas as técnicas citadas.

APÊNDICE

I — A SALA DE PSICODRAMA

Para o Psicodrama funcionar, não é necessário ambiente especial, basta um espaço onde as pessoas possam se sentar em círculo, de maneira a poderem se olhar, como em qualquer tipo de psicoterapia de grupo. Esta posição, em círculo, é necessária para que cada um possa ter uma visão corporal de todos os outros elementos do grupo. Determina-se também um lugar para se realizarem as dramatizações, que chamamos de contexto dramático.

O contexto dramático pode ser simplesmente um espaço a ser demarcado com giz ou tapete, mas normalmente usa-se um tablado de dez a vinte centímetros de altura, sobre o qual se desenvolve a dramatização. Existe também o tablado descrito por Moreno, com vários degraus ou estágios. O primeiro para o aquecimento inespecífico, o segundo para o aquecimento específico, o terceiro para a dramatização e um outro nível para os heróis. Assim, existem várias possibilidades de uso de estrados para determinar o contexto dramático. Quanto à localização deste, pode ser colocado no meio da sala, com todo o grupo ao seu redor ou colocado ao lado, com o grupo reunido em círculo, mas não ao redor do estrado.

No nosso tipo de trabalho e no de grande número de psicodramatistas no Brasil, usa-se um estrado colocado no meio da sala, com as pessoas sentadas ao redor e com seus pés colocados sobre a borda. Ao nosso ver, é necessário que haja o estrado para que o contexto dramático fique melhor determinado, separando-o bem do contexto grupal. A determinação, porém, de contexto dramático e grupal depende basicamente do manejo feito pelo diretor e pelo ego-auxiliar, pois é muito mais um espaço imaginário do que físico (Fig. A.1).

Quanto aos assentos para o grupo, quase sempre são usados bancos individuais, cuja forma pode ser cilíndrica, cúbica ou de outras formas geométricas. São também leves para facilitar o transporte,

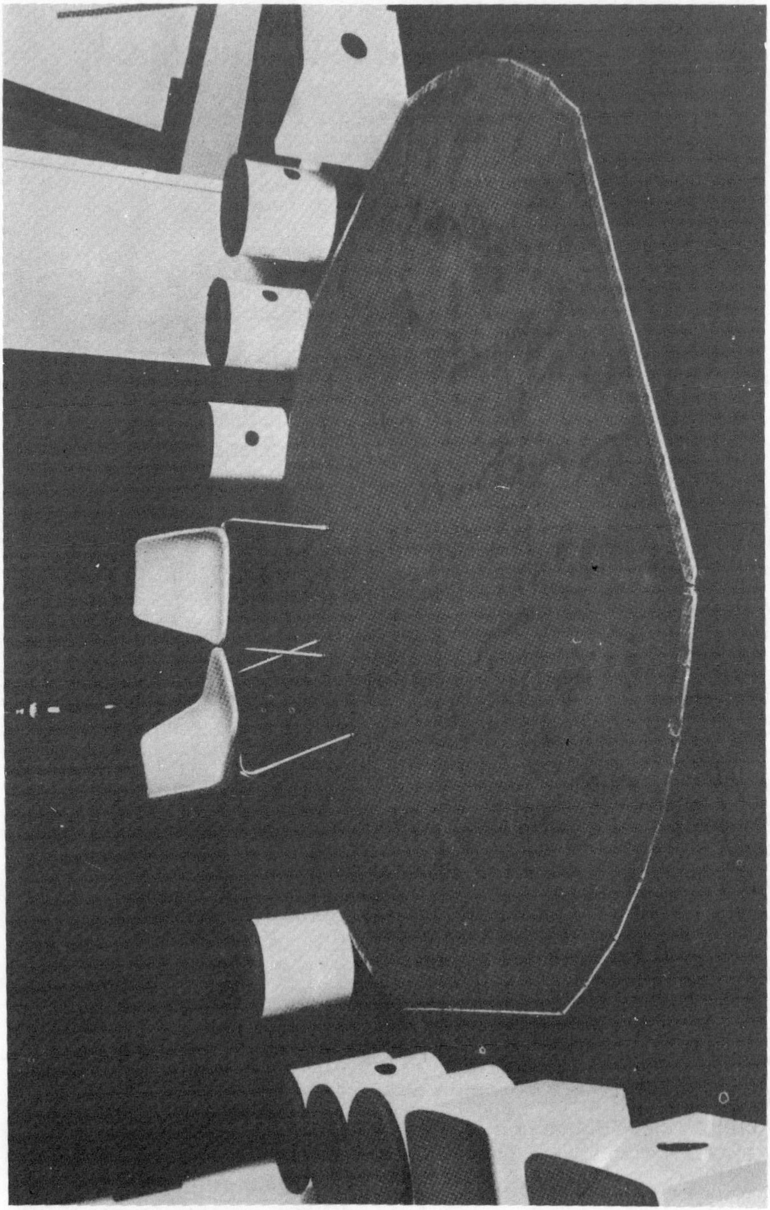

Fig. A.1 — A sala de psicodrama

pois freqüentemente as cenas são montadas com esses bancos. Se forem cadeiras ou poltronas haveria dificuldade em carregá-las ao palco para certos tipos de dramatizações. A forma também facilita a abstração, pois o indivíduo manejando um cubo e dizendo que aquilo representa um televisor é mais fácil abstrair do que se fosse colocada uma cadeira convencional. Estes bancos, no entanto, não são muito confortáveis para se ficar sentado bastante tempo, embora se usem pequenas almofadas sobre eles, mas racionalizando-se um pouco, dizemos que a finalidade é não permitir que as pessoas tenham boas possibilidades de relaxar os músculos e assim estejam sempre propensas a se levantar. Se fossem poltronas confortáveis, haveria maior possibilidade de relaxamento, possibilitando certo grau de inércia, dificultando ao indivíduo levantar-se para fazer a dramatização (Fig. A.2).

Ainda outros elementos podem existir numa sala de Psicodrama que ajudem a dramatização, como luzes de intensidade e cores diferentes. Este tipo de iluminação é muito importante porque permite que certas dramatizações possam ser enriquecidas, fazendo com que a luminosidade coincida com a do local imaginado pelo protagonista. Assim, por exemplo, um indivíduo que irá fazer uma dramatização em que se encontra num quarto e com insônia. A cena mostrará o paciente deitado em sua cama tentando conciliar o sono. Se fizermos a dramatização com a luz acesa, provavelmente não haverá correspondência com a realidade, mas se apagarmos totalmente as luzes, não poderemos ver o protagonista. Torna-se então necessária uma iluminação fraca, de tonalidade escura, que crie uma penumbra na sala, permitindo que o indivíduo possa se sentir mais próximo da situação real dramatizada, além de poder também ser observado e de ter um contato com os outros elementos do grupo.

A música é também usada em sala de Psicodrama, para servir como estímulo ou como auxiliar da dramatização, assim como é usada em Psicodança. O uso de discos ou fitas auxilia a dramatização de certas cenas, como por exemplo, uma conversa do protagonista com alguém numa "boate". Se usarmos uma iluminação escura e música, estaremos mais próximos do ambiente de sua boate do que se permanecermos com luz comum e sem música.

Costumamos, em nossa sala de Psicodrama, ter um quadro-negro para que em qualquer momento da fase de comentários possamos desenhar algum esquema que nos pareça útil na explicação de qualquer situação dramatizada ou focalizada pelo grupo. Alguns podem estranhar, considerando que possa parecer uma sala de aula, ou que favoreça a racionalização dos pacientes. A nosso ver, porém, certo grau de intelectualização faz parte do tratamento, pois o indivíduo

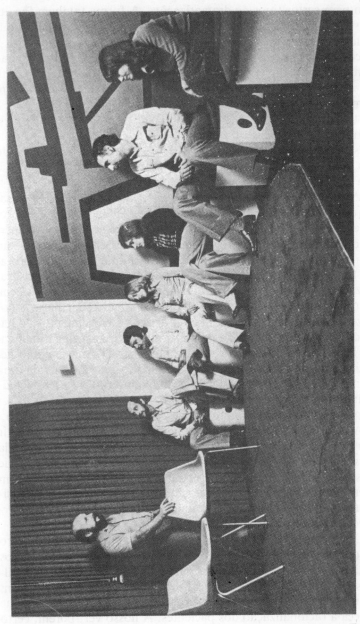

Fig. A.2 — *A mesma sala demonstrando a posição do diretor, ego-auxiliar e pacientes durante a sessão de psicodrama. Em pé, o autor deste livro e sentados a equipe do Instituto Brasileiro de Psicodrama que participou ativamente na elaboração desta obra.*

precisa compreender para se curar. Em nossa experiência temos verificado que o uso do quadro-negro tem facilidado a compreensão daquilo que foi dramatizado ou solicitado pelo grupo.

Outros objetos podem ser usados na sala de Psicodrama. Assim, fantoches, com as quais possamos realizar algumas cenas, tanto no caso de psicóticos crônicos como no de adolescentes, onde certas cenas de agressividade e sexualidade são dessa maneira mais facilmente jogadas. Por exemplo, se colocamos dois adolescentes ou um adolescente e o ego-auxiliar com fantoches, onde um tenha a fisionomia de criança e o outro a de uma pessoa adulta, poderá ocorrer facilmente uma conversa na qual surjam problemas com relação a autoridade. Podem ser usadas também túnicas e máscaras para facilitar certas dramatizações, brinquedos em Psicodrama Infantil e uma infinidade de objetos.

O uso de videoteipe em Psicodrama também é bastante interessante. Certos trechos de cenas são tomados e após a dramatização reproduzidos para os pacientes. É um instrumento muito útil, pois faz com que o protagonista tenha a oportunidade de se ver atuando, uma vez que em geral nós nos vemos de maneira estática diante do espelho e com o videoteipe podemos nos ver dinamicamente e ouvir nosso tom de voz. Esse recurso pode ser muito útil para observarmos melhor nosso comportamento.

O videoteipe tem uma grande vantagem sobre o filme convencional, pois este necessita ser revelado e levaria alguns dias até que o protagonista pudesse se ver projetado. No videoteipe, a reprodução de imagem e do som é imediata e, assim, logo após a dramatização o indivíduo tem a oportunidade de se avaliar e de se investigar. Além disto, o videoteipe é muito menos persecutório do que os comentários do grupo, pois quando este comenta, por exemplo, o tipo autoritário e agressivo do protagonista, o paciente pode achar que o grupo é que tem algo contra ele e neutralizar assim os comentários tanto do grupo como dos terapeutas. Ao ver a imagem, que é muito mais forte e decisiva para ele, não pode negar aquilo que está gravado e não se sente perseguido por ninguém, porque aquela imagem foi produzida por ele. Este recurso técnico ajuda também no esclarecimento de dúvidas a respeito do ocorrido durante a dramatização, reproduzindo a imagem e o som quantas vezes forem necessárias.

O uso deste aparelho seria passível de críticas, argumentando-se que ele poderia tirar a espontaneidade do protagonista, mas, o paciente depois de aquecido, não se importa mais com a gravação. Pode haver apenas um bloqueio inicial. Principalmente numa sala em que o videoteipe esteja em todas as sessões fazendo parte integrante do conjunto. Em nossa experiência raramente verificamos sentimentos de perseguição pelos pacientes com relação a esse instrumental. Aceitam-no normalmente e não há nenhuma interferência na dinâmica do grupo. Mesmo porque a Espontaneidade é a capacidade de dar respostas adequadas a situações novas e se videoteipe para alguém for uma situação nova, nós mediremos o seu grau de espontaneidade pela sua capacidade de reagir a essa nova situação, e trabalharemos com esse material.

II — OBJETO PAPEL E PAPEL OBJETO*

Moreno, quando descreve as etapas da Matriz de Identidade, ressalta a importância da relação da criança com certos objetos como uma etapa de aprendizado de determinado papel interpessoal.

Winnicott fala-nos a respeito do Objeto Transicional, destacando a importância de certos objetos na evolução psicológica da criança.

Rojas-Bermúdez introduz o conceito de Objeto Intermediário a partir de suas observações com psicóticos crônicos. Verificou que esses pacientes se comunicavam mais rapidamente com fantoches do que com pessoas. Bermúdez utilizou fantoches para acelerar o aquecimento para a dramatização.

A CRIANÇA E OS OBJETOS

A partir do nascimento, a criança começa a receber estímulos do meio ambiente emitidos por pessoas e por objetos, que vão produzindo registros mnemônicos em seu SNC.

Os estímulos emitidos por pessoas são diferentes dos estímulos emitidos por objetos.

Os objetos emitem estímulos constantes: cor, forma, tamanho, imobilidade, peso, consistência, brilho.

As pessoas emitem estímulos variáveis: movimentação própria, presença e ausência, manipulação da criança, diferentes tipos de pressão muscular e de estimulação tátil.

Numa área intermediária entre os objetos e as pessoas estão as máquinas e os animais, que apresentam, parcialmente, características de objetos e de pessoas. Para simplificar englobarei as máquinas e os animais no conceito de Objeto Papel.

---

* I Encontro Argentino-Brasileiro — Buenos Aires, julho de 1972.

Com a evolução, a criança vai dando resposta a esses estímulos e vai desenvolvendo uma integração cada vez maior com o meio ambiente. As respostas das crianças que tiverem contra-respostas mais constantes (objetos) são mais rapidamente aprendidas do que as contra-respostas menos constantes (pessoas). Quando as contra-respostas do meio ambiente são muito variáveis a criança permanece confusa e não aprende.

Como os estímulos emitidos pelos objetos são mais constantes do que aqueles emitidos pelas pessoas, a criança aprende a relacionar-se melhor com objetos. Ao conjunto dessas respostas aprendidas pela criança, jogando com objetos, chamo de Papel Objeto e ao conjunto dos estímulos emitidos pelos objetos, com os quais a criança se relaciona, chamo Objeto Papel.

Dito de outra forma, PO é o conjunto das unidades culturais de conduta dos seres humanos com os objetos que o cercam. E OP é o papel complementar do PO. A completaridade do PO com o OP vai-se desenvolvendo à medida que a criança vai crescendo, de uma forma mais rápida do que a complementaridade papel-filha com o papel-mãe. Dito de outra maneira, o PO é o papel mais desenvolvido que os papéis interpessoais jogados pela criança. Com o passar do tempo a criança vai desenvolvendo outros papéis, mas o PO continua o maior deles.

PAPEL OBJETO E SI MESMO

Ao nosso ver, o Esquema de Papéis descrito por Rojas-Bermúdez permite a introdução do PO, sem alterar-lhe a idéia original. O PO sendo o maior de todos os papéis, encontra-se fora do Si Mesmo permitindo a formação de vínculo. Uma vez estabelecido o vínculo com o papel complementar, há retração do Si Mesmo, permitindo o aparecimento dos papéis menos desenvolvidos. Sempre que um indivíduo consegue jogar um papel há retração do Si Mesmo. Desta forma, os objetos não invadem Si Mesmo porque têm um PO bem desenvolvido com o qual estabelecem vínculo.

No caso de o objeto produzir alarme, isto é devido a um não aprendizado deste objeto especificamente ou a atribuição de características humanas (imprevisibilidade) ao objeto referido. Estes casos estão no grupo das patologias de vínculo do PO com o OP.

OBJETO PAPEL E NÚCLEO DO EU

Durante todo o desenvolvimento da criança os objetos estão presentes e vão sendo gradativamente aprendidos por ela.

O Núcleo do Eu descrito por Rojas-Bermúdez divide o psiquismo em três áreas: mente, corpo e ambiente, e a separação destas áreas vai-se estruturando através dos papéis de ingeridor, defecador e urinador, respectivamente.

Com o destaque que damos aos objetos, constrastando com a estimulação produzida pelas pessoas, a Área Ambiente subdivide-se em Área Pessoa e Área Objeto.

A discriminação da Área Objeto vai-se realizando juntamente com a estruturação dos papéis psicossomáticos. Conforme o estágio evolutivo em que se encontra a criança, há o predomínio de objetos diferentes.

Durante a estruturação do papel de ingeridor a criança passa a maior parte de seu tempo na *posição horizontal* e sua visão é de baixo para cima. Nesta situação os estímulos predominantes são: luz e som, contato com roupas, água morna, chupeta, leite. A maioria desses objetos é de contato suave, moldável, sem forma definida e de temperatura tendendo para quente.

Durante a estruturação do papel de defecador a criança passa parte do tempo *sentada* e sua visão é de cima para baixo. Neste período, além dos objetos já referidos, a criança está cercada pelos seguintes objetos: brinquedos (carrinhos, caixas, bonecas), brincos, broches, colares e roupas (das pessoas que pegam a criança no colo), alimentos sólidos, colher, chocalho, fezes e urina. Grande número destes objetos são sólidos, apresentam contorno e formas definidas e temperatura tendendo para o frio. Ao mesmo tempo, já começa a surgir a idéia de posse.

Na estruturação do papel de urinador a criança passa parte do seu tempo *em pé* e desloca-se sozinha ao contrário das fases anteriores. Neste período a visão é frontal. Além dos objetos já vistos a criança agora volta a atenção para: paredes, portas, janelas, quadros, mobília, botões de luz, tomadas de luz, som, rádio, televisão, automóvel, alimentos mais sólidos, garfo e faca. Nesta ocasião a criança percebe que pode deslocar-se, mudar os objetos de lugar, sentir-lhes o peso e consistência; tenta destruí-los para ver o que tem dentro. A quantidade de estímulos enviada pelos objetos é muito grande e variável em cada criança, por isso a Área Objeto do Núcleo do Eu também tem forma e tamanho diferentes para cada indivíduo. O mesmo ocorre em relação às áreas Mente, Corpo e Pessoa.

PAPEL OBJETO E OBJETO PAPEL — PATOLOGIA

A patologia do PO e OP consiste na má estruturação dos limites da Área Objeto com as outras áreas (Mente, Corpo, Pessoa). Nestes casos certos atributos dos objetos podem ser mesclados nas outras áreas.

Para exemplificar a confusão entre *objeto e corpo* lembramos certas fobias (de faca, de lugares fechados) e certos rituais obsessivos (limpeza exagerada do corpo para evitar contágio, manias de doenças); *objeto e mente* — citamos certos rituais obsessivos (colocar os sapatos numa certa ordem para poder diminuir pensamentos negativos e poder dormir) e superstições; *objeto e pessoa* — lembramos o fetichismo e certas atuações psicopáticas (nas quais objetos e pessoas são tratados da mesma maneira).

Num sonho de uma paciente esquizofrênica ela estava empurrando um carrinho de bebê, contendo três bonecas. Em seguida, surgiram duas meninas que roubaram duas bonecas. Uma das bonecas depois de algum tempo foi devolvida. Feita a dramatização deste sonho, a paciente agiu no palco de tal forma que parecia esperar que as bonecas e as meninas agissem da mesma maneira. Na fase de comentários, a paciente relatou estar muito preocupada por que sentia que estava igualando as pessoas e objetos (no caso as bonecas). Há outros casos, quando os papéis interpessoais estão bloqueados em que os indivíduos relacionam-se mais intensamente com objetos. Exemplos:

1 — Num presídio de mulheres verifiquei que grande número delas tinha uma boneca em cima da cama.

2 — Certas donas de casa que se preocupam muito com a ordem e limpeza. Este fato pode ter origem na solidão em que essas pessoas vivem.

3 — A fascinação de certos adolescentes pelas motocicletas e automóveis pode estar relacionada a uma dificuldade de comunicação com outras pessoas.

4 — A grande carga afetiva desenvolvida por pessoas muito sós, para com certos animais.

Nestes casos o indivíduo se relaciona com objetos por ser este o único papel com o qual podem vincular-se. Estes vínculos são úteis ao indivíduo, mas se tornam hipertrofiados, embora essa hipertrofia seja apenas uma manifestação de problemas mais amplos, que impedem o estabelecimento de outros vínculos.

PAPEL OBJETO E OBJETO PAPEL — TERAPIA

A introdução do conceito PO e OP ressalta o valor dos objetos nas terapias dos distúrbios mentais. Exemplos:

1 — O êxito alcançado pelas Comunidades Terapêuticas, com pacientes crônicos, não será em grande parte devido à possibilidade que esses pacientes têm de se relacionar com objetos e manterem-se concentrados neles?

2 — Na ludoterapia, não será o contato permitido à criança com objetos (brinquedos) que provoca a recodificação terapêutica necessária?

3 — No *finger-painting* cabe a mesma pergunta.

4 — As terapias que tentam descondicionar um sintoma fóbico, por exemplo, estão visando restituir aos objetos as suas características (propriedades constantes), que estavam mascaradas com características humanas.

Acredito que o processo terapêutico em relação aos objetos siga dois caminhos:

a — A formação do vínculo do PO com o OP faz com que o indivíduo se concentre e haja a retração do Si Mesmo.

b — O homem necessita relacionar-se com objetos exatamente por suas propriedades constantes e por sua previsibilidade. Esta relação faz o homem sentir a conseqüência dos seus atos porque o objeto é passivo e o que fizer será de sua inteira responsabilidade. Exemplo:

Um indivíduo ao consertar uma máquina, passa a golpeá-la com raiva por não conseguir êxito. Como a máquina é passiva o indivíduo percebe quanta raiva possui sem poder acusar o objeto. Este fato se repetindo faz com que o indivíduo perceba como ele desenvolve facilmente a raiva e que tem tendência a atribuir o motivo de sua raiva aos que o cercam, como fez com a máquina.

CONCLUSÃO

O conceito PO e OP ressalta os vínculos formados entre pessoas e objetos. Considera esses últimos não somente como etapas para vínculos interpessoais, mas os vínculos (pessoa-objeto) importantes por si mesmos. Exemplos:

Ler um livro, fazer tricô, pintar um quadro.

Naturalmente este novo enfoque não visa diminuir a importância das relações interpessoais.

A nosso ver, tanto as relações pessoa-pessoa quanto pessoa-objeto são importantes para a saúde mental. O homem necessita relacionar-se com os objetos por sua passividade, previsibilidade e constância, assim como relacionar-se com outras pessoas por sua imprevisibilidade e espontaneidade.

III — A ÉTICA DO PSICODRAMA

Carlos Alberto Saad

1. INTRODUÇÃO

O Psicodrama é praticado no Brasil há mais de 30 anos. Em São Paulo, o ato pioneiro nos foi dado pela Dra. Iris Soares de Azevedo, logo acompanhada, com força, principalmente, pelo Dr. Alfredo Correia Soeiro, e também pelo Dr. José Manoel D'Alessandro e outros.

Em 1968, sob a direção do Dr. Rojas-Bermúdez, iniciou-se a formação de uma primeira turma de profissionais a serem credenciados pela AAPPG — Asociación Argentina de Psicodrama y Psicoterapia de Grupo.

A partir dessas férteis sementes, o modelo proposto por Jacob Levy Moreno não parou de crescer. Formaram-se no país todo dezenas de associações que fornecem cursos regulares. O Psicodrama é ferramente cotidiana no aprimoramento dos Recursos Humanos das empresas (Psicologia Organizacional); nas escolas (Técnicas Aplicadas ao Ensino); nas várias faculdades (*Role-Playing* de Seleção, Treinamento de Papéis, Treino e Observação da Relação Médico-paciente, Supervisão de Residentes e Especializandos); nos modelos clínicos das faculdades de psicologia (Psicologia Clínica); nos hospitais e nas instituições públicas (Grupos de Apoio a doentes crônicos, aidéticos, Grupos de Mães, de Adolescentes, etc.).

No emergente "Serviço de Saúde Mental em Saúde Pública", estabelecido no país há cerca de 19 anos, o método psicodramático e a liderança de terapeutas psicodramatistas exerceram papel fundamental na elaboração e implantação do modelo de atendimento.

Teses de mestrado e doutorado têm sido defendidas sobre o tema "Psicodrama"; um grande número de livros têm sido escritos; a psicoterapia psicodramática é prática habitual e relevante nas clínicas privadas de todo o país.

Tão incluído e habitual o Psicodrama se encontra na cultura acadêmica e nos grandes centros urbanos, que sua terminologia é usada por jornalistas em suas crônicas e, num caminho de volta, diretores de teatro utilizam-se de suas técnicas para a montagem de peças teatrais.

Há cerca de 20 anos, uma Federação Brasileira de Psicodrama, a FEBRAP, foi criada e vem organizando esse crescimento, credenciando profissionais e escolas. Definiu um currículo mínimo, e normas para a aquisição de títulos de terapeutas, especialistas em técnicas aplicadas, professores, supervisores. Nesse momento, o Brasil se constitui um grande celeiro do estudo e da prática do Psicodrama; possivelmente o maior.

Apesar disso tudo, o Psicodrama, com freqüência, é denominado como um conjunto de técnicas interessantes para o manejo das dinâmicas e trabalhos grupais. É comum que esse reducionismo sirva como mero argumento denegridor, vindo de outras escolas psicoterápicas, com o objetivo de insinuar que o Psicodrama seria insuficiente para produzir um processo psicoterápico dito "profundo".

Mais me preocupa quando alguns psicodramatistas, encantados pela facilidade do manejo grupal propiciado pelo modelo e pela profusão de acontecimentos gerados pela dramatização, aí se percam e se restrinjam, deixando de lado a busca, a mesma que justifica o Encontro, qual seja, a revolução da história grupal e pessoal pelo contínuo aquecimento que mira o ato espontâneo e genial.

Dessa perspectiva, e no que se refere especificamente à Psicoterapia psicodramática, poder-se-ia falar da possibilidade de um bom uso ou de um mau uso do método psicodramático. A possibilidade desses juízos abre o campo para o estudo da *ética do Psicodrama*.

Fica logo claro que se trata de um assunto denso e árduo. No presente trabalho minha pretensão é apenas levantar a questão e ensejar algumas observações a título de contribuição a este I Encontro Luso-Brasileiro de Psicodrama.

2. MATERIAL E MÉTODO

Ao procurar dar conta desta tarefa, tive de me defrontar com uma outra acusação e ainda uma dificuldade:

A acusação, que já ouvi inúmeras vezes, é que Moreno seria um autor que expõe suas idéias e teorias de forma desorganizada e pouco sistematizada; e que, por conseguinte, sua obra seria incompleta e frágil.

Embora até possa concordar com a primeira parte desta acusação, acabo não concordando com a segunda, principalmente quando tive de compreender Moreno da perspectiva da ideologia, da crença ou do "espírito" que estão implicitamente delineados todas as vezes que ele lança uma idéia, constrói um conceito, propõe um instrumento.

Enfrentar essa dificuldade gerou um subproduto secundário: um esboço de sistematização das teorias e do método de Moreno, o que seria fundamental para a pretensão deste trabalho, a *Ética do Psicodrama*, um campo de estudos que só se tornaria possível face a um modelo teórico completo e bem definido, destinado a formular um papel ou prática do ser humano — no caso, o papel de psicoterapeuta psicodramatista.

Essa espécie de "leitura do discurso" moreniano eu a fiz para este trabalho, exclusivamente em seu livro *Psicodrama* (2.ª edição brasileira, Cultrix, 1978, tradução de Álvaro Cabral da edição de Beacon House Inc. e que já contém Introdução à 3.ª edição do original em inglês). Toda vez que citações do autor forem feitas, e estiverem destacadas por aspas, limitar-me-ei a indicar a página em que são encontradas no referido livro.

CORPO TEÓRICO I

A LATÊNCIA DO GÊNIO

Teoria de Desenvolvimento	Teoria dos Papéis Matriz de Identidade O Processo de Formação do Eu	Sujeito Moreniano
Teoria Sobre a Dinâmica da Natureza	Teoria da Espontaneidade Teoria dos Processos Naturais de Aquecimento *Status Nascendi* O Ato Criador	Sujeito Moreniano Saudável

(Planilha 1)

CORPO TEÓRICO II

POSSIBILIDADE DO ATO CRIADOR

Teoria Sobre Dinâmica da Psicopatologia	Conserva Cultural Psicopatologia das Relações Tele — Transferência	O Sujeito Moreniano Doente
Dinâmica no Eixo Axiológico Doença/Saúde	Processos de Aquecimento Situação do Nascimento Estímulo para Atos Espontâneos Busca de Catarse de Integração	Bases Morenianas para uma Psicoterapia

(Planilha 2)

CORPO TÉCNICO

MÉTODO PARA UMA PSICOTERAPIA PSICODRAMÁTICA

Dinâmica Psicodramática	Contextos Etapas Instrumentos Técnicas	Psicoterapia Moreniana

(Planilha 3)

3. APRESENTAÇÃO

Os pilares da utopia moreniana são:
1) Todo ser humano pode ser um *gênio* de dentro de sua própria história;
2) A emergência desse *status* existencial se faz pelo *ato*.

É no espaço criado, de um lado pela *latência do gênio* e, de outro, pela *possibilidade do ato criador* que se enuncia e se movimenta o *modelo psicodramático*.

Utilizo aqui a palavra "modelo" como estrutura que se compõe de um conjunto de hipóteses teóricas sobre dado fenômeno da natureza, e de instrumentos de ação e de pesquisa sobre esse mesmo fenômeno, formando, portanto, um todo conseqüente e só separável didaticamente.

O corpo teórico que compõe o modelo psicodramático pode, por sua vez, ser separado em duas instâncias: aquela que cria o "sujeito moreniano" (planilha 1) e aquela que cria um protocolo — as bases — para uma Psicoterapia (planilha 2).

Completando o modelo psicodramático, temos a definição de *instrumental* congruente e conseqüente ao corpo teórico; o que cria o *método psicodramático de Psicoterapia* (planilha 3).

Esses três pilares: a definição do *sujeito*, as *bases* para uma Psicoterapia e um *instrumental* daí advindo que cria um método (planilha 4) se interligam numa relação dinâmica e inseparável pela ideologia do modelo, o que, por sua vez, permite e remete a uma apreciação ética da *prática*.

Mais como estímulo do que com a pretensão de um estudo exaustivo e conclusivo do discurso moreniano, me remeto a alguns trechos de seus escritos para destacar a ideologia nítida que eles revelam.

Na Teoria dos Papéis:
"O papel é a forma de funcionamento que o indivíduo assume no momento em que reage a uma situação específica, na qual outras pessoas e objetos estão envolvidos" (p. 27).

"O desempenho de papéis é anterior ao surgimento do Eu; os papéis não emergem do Eu, é o Eu, todavia, que emerge dos papéis" (p. 25).

Aqui nos fala do centro interativo do seu sujeito, o "Eu", que, para Moreno, é anterior ao símbolo e à palavra, já deixando entrever nessa hipótese *sui generis* — o papel antecede e forma o Eu — o prenúncio da primazia do ato.

"Antes e imediatamente após o nascimento o bebê vive num universo indiferenciado, a que chamei de *Matriz de Identidade*" (p. 25).

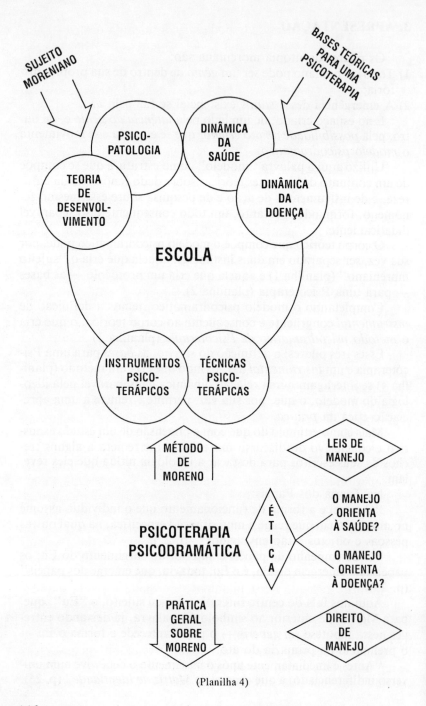

(Planilha 4)

"A Matriz de Identidade pode ser considerada o *locus* donde surgem, em fases graduais o Eu (...) e os papéis. Os papéis são os embriões, os precursores do Eu e se esforçam para se agrupar e unificar" (p. 25).

"Distingui os papéis fisiológicos ou psicossomáticos, os papéis psicológicos ou psicodramáticos e os papéis sociais" (p. 25).

"Os papéis fisiológicos formam um 'eu parcial' o eu fisiológico. Da mesma forma, os papéis psicodramáticos formam um 'eu parcial' o eu psicológico. O mesmo acontece com os papéis sociais, formam um outro 'eu parcial' o eu social" (p. 25).

"Os eus fisiológico, psicodramático e social são apenas 'eus parciais'; o eu inteiro, realmente integrado de anos posteriores ainda está longe de ter nascido" (p. 25).

Para Moreno, portanto, seu sujeito inicial é um ser que se autoprovidencia (de dentro do universo biológico?), em contato direto com o meio externo ("no momento específico em que reage... envolvido por outras pessoas e objetos"), buscando uma integração de si mesmo face à sua (insatisfatória) parcialidade ("esforçam-se por se agrupar e unificar").

Essa mesma visão dinâmica do sujeito em busca de si mesmo, emergindo de um universo a outro, Moreno reenuncia, naquilo que chamei de "bases para uma Psicoterapia" quando nos fala da "situação de nascimento", e de *status nascendi*.

"A situação de um bebê ao nascer faz com que seja um milagre o fato de ele nascer vivo. Muda-se de um exíguo compartimento fechado para um espaço aberto e ilimitado. Transfere-se da escuridão eterna para um meio iluminado e multicolorido. Ingressa numa esfera de visão e som. Muda de posições limitadas para um meio em que a locomoção e a direção são indispensáveis. Passa de uma existência parasitária, em que foi alimentado através da placenta materna, para uma existência em que sua atividade própria é indispensável na ingestão e eliminação do alimento. Passa de um estado de sono constante para um estado de gradual despertar e percepção do mundo que o cerca. Muda de uma situação que lhe proporciona um equilíbrio seguro para um mundo que terá de ser conquistado para sobreviver nele e no qual terá de adquirir, gradualmente, um equilíbrio próprio. Ingressa nesse mundo de um modo tão súbito que o seu ajustamento bem-sucedido é um dos grandes enigmas da vida. Dentro de poucos minutos ele transfere-se, praticamente, de um mundo para outro." (pp. 100 e 101)

Como parêntesis, quero dizer que essa "visagem" da passagem de um universo a outro, que Moreno descreve na "situação de nascimento" me tem sido extremamente útil na clínica para acompanhar e compreender pacientes bem-sucedidos profissionalmente, economicamente seguros, reconhecidos socialmente e até afetivamente estáveis apresentarem-se angustiados, comunicando em tom de urgência que "não podem continuar vivendo assim!"; "não agüentam mais!"; "têm que sair disso...", embora não tenham ou reconheçam qualquer outro projeto alternativo de vida.

"Ao nascer o bebê transfere-se para um conjunto totalmente estranho de relações. Não dispõe de modelo algum de acordo com o qual possa dar forma a seus atos. Defronta-se com uma nova situação, mais do que em qualquer época de sua vida subseqüente. A essa resposta a uma situação nova — e à nova resposta a uma antiga situação — chamamos 'espontaneidade' " (p. 101).

"A primeira manifestação básica de espontaneidade é o aquecimento preparatório da criança para o novo ambiente..." (p. 103)

"Podemos ilustrar esse processo de aquecimento preparatório indicando certas características que a situação psicodramática possui e que são comparáveis à situação do nascimento. No caso dos adultos ela estará construída de tal modo que a espontaneidade do indivíduo pode ser testada. O sujeito é jogado abruptamente em uma situação que é novidade para ele e ante à qual terá de 'aquecer-se' a fim de realizar um ajustamento rápido (...) ele utilizará dispositivos físicos de arranque a fim de começar, confiando em que as atividades físicas acabarão por afirmar e libertar formas mais altamente organizadas como a adoção de papéis e a inspiração criadora, levando-o ao máximo grau de aquecimento preparatório de um ato espontâneo, para enfrentar uma situação nova." (p. 103)

"... A forma final é a sucessora de toda uma série de ancestrais. Vários projetos a precederam e alguns deles podem ter tanta validade quanto o que foi finalmente escolhido. O *status nascendi* raramente é também um estado perfeito. As primeiras tentativas promanam da mesma inspiração que o estágio final. O projeto não é um fragmento; a obra está toda contida nele..." (p. 87)

Nesse ponto, quando Moreno enuncia a possibilidade evolutiva do sujeito — "arrancando" de um universo anterior a outro seguinte, "dirigido" pela busca de uma "projetada" integritude e completude, a partir e de dentro dos elementos "dispersos" e "parciais" de sua própria historicidade, não mais prescinde, para explicá-la, de seus conceitos de "aquecimento" e de "espontaneidade".

Esses elementos teóricos de que Moreno se utiliza para explicar a dinâmica da vida serão os mesmos que embasarão a construção do instrumental de seu método psicoterápico.

Não obstante, esse sujeito ideal, em arranques de constante evolução, partindo da — e construindo — sua própria história é visto por Moreno, na maioria das vezes, aprisionado ao reverenciar os estatutos de uma história pronta, repetitiva, passada, às vezes morta de espontaneidade.

"...a conserva cultural propõe-se ser o produto acabado e, como tal adquiriu uma qualidade quase sagrada. Esse é o resultado de uma teoria de valores geralmente aceita. Os processos levados a seu termo, os atos finalizados e as obras perfeitas parecem ter satisfeito mais a nossa teoria de valores que os processos e coisas que permanecem inacabados ou mesmo em estado imperfeito..." (p. 159)

"...A escala tem dois pólos opostos: o máximo de espontaneidade num pólo e espontaneidade zero no outro, com numerosos graus de espontaneidade entre ambos, representando cada grau um diferente quociente de espontaneidade. Esta é uma 'escala axiológica': o expoente ideal de um pólo é um grande criador totalmente espontâneo, e o expoente ideal do outro pólo é a conserva cultural total." (p. 156)

"A espontaneidade e a conserva cultural não existem de forma pura, uma é função, é parasita da outra" (...) São conceitos polares" (...) "a espontaneidade só pode ser definida contra aquilo que é comum." (p. 156)

Em Moreno, a essência de sua Psicopatologia, em sentido amplo, refere-se ao sujeito "conservado" culturalmente.

"Uma aplicação 'total' das chamadas leis da natureza aos fenômenos biológicos do nosso universo é impossível em termos da Teoria da Espontaneidade, tal como contribuiu para sua formação, também pode contribuir para sua reorganização e deve operar independente delas, em certa medida. Portanto, a espontaneidade deve ser considerada o mais importante vitalizador da estrutura viva." (p. 152)

"A espontaneidade é o fator que faz parecer novos, frescos e flexíveis todos os fenômenos psíquicos. É o fator que lhes confere a qualidade de momentaneidade (refere-se à 'categoria do momento' — p. 154 a 158). As estruturas psíquicas estereotipadas são, em última instância, construídas a partir de unidades "e", substituindo-as e reduzindo-as. Mas o reaparecimento de "e" não pode ser sustado. Ela flui repetidamente. Uma mudança na situação exige uma adaptação plástica do indivíduo a ela. Os fatores "e" fomentam e inspiram essa reorientação. Um tipo de universo aberto sem "e" é um *contradictio in adjecto*. Com uma perda total de "e" ocorre uma perda total da existência criadora." (p. 153)

Revendo o "espírito" contido nessas teorias de Moreno:

— **O sujeito moreniano**

O ato espontâneo é anterior a um "Eu" e o vai constituindo em arranques parciais e incompletos.

Os sujeitos e os grupos "vivos na vida" são aqueles que são capazes de — a partir e de dentro de sua história "conservada" — vivenciar experiências novas com "qualidade de momentaneidade" (*conceito de saúde*).

A impossibilidade de uma "existência criadora" pela redução e organização da "espontaneidade" a condutas estereotipadas, rígidas e repetitivas, restringe ou abole a possibilidade evolutiva natural do sujeito (*conceito de doença*).

— **A dinâmica saúde-doença**

Constitui o eixo axiológico dado pela "conserva cultural", de um lado, e pelo ato "criador espontâneo", de outro.

Verifica a possibilidade do "aquecimento para o ato espontâneo" e a "catarse de integração", patrocinado por um fator natural a que chamou de "espontaneidade".

Esse mesmo "espírito" que é o amálgama evidente no conjunto do corpo teórico do modelo moreniano está congruentemente presente nos instrumentos e técnicas que constituem sua proposta para um método psicoterápico.

"Drama é uma transliteração do grego, que significa ação ou uma coisa feita. Portanto, Psicodrama pode ser definido como a ciência que explora a 'verdade' por métodos dramáticos." (p. 17)

"O método psicodramático usa, principalmente, cinco instrumentos: o palco, o sujeito ou paciente, o diretor, o *staff* de assistentes terapêuticos ou egos-auxiliares e o público. O primeiro instrumento é o palco. Por que um palco? Ele proporciona ao paciente um espaço vivencial que é flexível e multidimensional ao máximo. O espaço vivencial da realidade da vida é amiúde demasiado exíguo e restritivo de modo que o indivíduo pode facilmente perder o seu equilíbrio. No palco ele poderá reencontrá-lo devido à metodologia da liberdade — liberdade em relação às tensões insuportáveis e liberdade de experiência e expressão. O espaço cênico é uma extensão da vida para além dos testes de realidade da própria vida..." (p. 17)

Aqui, ao falar do instrumento "palco", Moreno esboça o conceito de *contexto*, posteriormente esclarecido pelo dr. Rojas-Bermúdez.

"O segundo instrumento é o sujeito ou paciente. É solicitado a ser ele mesmo no palco; a retratar seu próprio mundo privado. É instruído para ser ele mesmo (...) uma vez 'aquecido' para a tarefa, é comparativamente fácil ao paciente fazer um retrato de sua vida quotidiana em ação, pois ninguém possui mais autoridade sobre ele do que ele mesmo. Ele tem que atuar livremente, à medida que as coisas lhe acodem à mente; é por isso que lhe tem de ser concedida liberdade de expressão, espontaneidade". (p. 18)

"O viver verbal é transcendido e incluído no nível da ação" (...) "segue-se o princípio de envolvimento. Fomos criados com a idéia de que tanto em situações de tratamento como de teste, um mínimo de envolvimento com outras pessoas e objetos é uma coisa sumamente desejável para o paciente" (...) "na situação psicodramática não só é possível mas esperado o máximo de envolvimento com os outros sujeitos e outras coisas. A realidade não só é temida mas provocada" (...) "o teste da realidade que é mera palavra em outras psicoterapias, é, pois, realmente concretizado no palco. O processo preparatório de 'aquecimento' do sujeito para o retrato psicodramático é estruturado por numerosas técnicas..." (p. 18)

Aqui, Moreno ao falar do protagonista, diferencia *instrumento* — recurso empregado para se alcançar um objetivo, conseguir um resultado; meio" (Novo Dicionário Aurélio, 1ª edição, p. 772) — e *técnica* — "maneira, jeito ou habilidade especial de executar ou fazer algo; prática" (*ibidem*, p. 1360)

"O terceiro instrumento é o diretor. Ele tem três funções: produtor, terapeuta e analista. Como produtor, tem que estar alerta para converter toda e qualquer pista que o sujeito oferecerá em ação dramática, para conjugar a linha de produção com a linha vital do sujeito e nunca deixar que a produção perca contato com o público. Como terapeuta, atacar e chocar o sujeito é, por vezes tão permissível quanto rir e trocar chistes com ele; às vezes poderá se tornar passivo e indireto, e a sessão, para todos os fins práticos parece ser dirigida pelo paciente. Enfim, como analista, poderá complementar a sua própria interpretação mediante respostas provenientes de informantes no público, marido, pais, filhos, amigos ou vizinhos." (p. 19)

"A regra geral de direção consiste, principalmente, em depender dos protagonistas para o fornecimento de 'pistas' sobre o modo como a produção deve ser encaminhada." (p. 39 e 40)

Aqui, Moreno decide que o diretor existe face ao protagonista e determina o uso da palavra *analista* em Psicodrama, como analista social.

"O quarto instrumento é um *staff* de egos-auxiliares. Estes egos-auxiliares ou atores terapêuticos têm um duplo significado: são extensões do diretor, exploratórias e terapêuticas, mas também são extensões do paciente, retratando as *personae* reais ou imaginadas de seu drama vital. As funções do ego-auxiliar são triplas: função de ator, retratando papéis requeridos pelo mundo do paciente; a função de agente terapêutico, guiando o sujeito e a função de investigador social." (p. 19)

"(...) Os egos-auxiliares são atores que representam pessoas ausentes, tal como aparecem no mundo privado do paciente. Os melhores egos-auxiliares são antigos pacientes que fizeram, pelo menos uma recuperação temporária e os egos terapêuticos, profissionais oriundos de um meio sociocultural semelhante ao do paciente. Se é possível uma escolha, os egos-auxiliares 'naturais' são preferíveis aos profissionais, por muito bem adestrados que estes últimos sejam." (p. 42)

"Ao desempenhar o papel, espera-se que o ego se identifique intimamente consigo mesmo o mais que puder, não só para representar e simular, mas para 'sê-lo' " (...) "Quanto mais afetuoso, íntimo e sincero for o contato, maiores serão as vantagens que o paciente poderá derivar do episódio psicodramático." (p. 43)

"O quinto instrumento é o público. Este reveste-se de uma dupla finalidade. Pode servir para ajudar o paciente ou, sendo ele próprio ajudado pelo sujeito no palco, converte-se, então em paciente. Quando ajuda o paciente, é um sólido painel da opinião pública. Suas respostas e comentários são tão extemporâneos quanto os do paciente e podem variar desde o riso até o violento protesto. Quanto mais isolado estiver o paciente, por exemplo, porque o seu drama no palco é formado por delírios e alucinações, mais importante se torna para ele a presença de um público disposto a aceitá-lo e compreendê-lo. Quando o público é ajudado pelo sujeito, assim se tornando o próprio sujeito, a situação se inverte. O público vê-se a si mesmo, isto é, uma das suas síndromes coletivas é retratada no palco." (p. 19)

"Indivíduos que nunca se encontraram antes e que, desde o primeiro encontro em diante tiveram de ser participantes do mesmo grupo, representam um novo problema para o terapeuta: vêmo-los quando entram espontaneamente em inter-relações que os levam a formar um grupo *sub species momenti*; podemos estudar a reação espontânea deles na fase inicial da formação de grupo e as atividades desenvolvidas no curso de tal organização (...) podemos desenvolver o tratamento para diante em vez de para trás; podemos começar com a atitude inicial que uma pessoa adota em relação a outra e acompanhar o destino ulterior dessas inter-relações; que espécie de organização elas desenvolvem." (p. 45)

"Por outras palavras, desde a primeira sessão já opera o Tele entre os membros do grupo. Essa débil coesão 'primária' pode ser utilizada pelo terapeuta em favor do desenvolvimento de metas terapêuticas comuns. Todas as interações entre os homens, as ab-reações, os solilóquios, os diálogos, a Tele, as reações de transferência com o terapeuta, os egos-auxiliares e entre os diversos membros no decurso do tratamento, receberão a influência dessa estrutura original e, por seu turno, modificá-la-ão. É esse o novo quadro de referência operacional, de acordo com o qual podemos estudar as fases sucessivas por que passa um grupo sintético." (p. 46)

"Espera-se que todo indivíduo esteja à altura do seu papel oficial na vida (...) mas o indivíduo anseia por encarnar muito mais papéis do que aqueles que lhe é permitido desempenhar na vida e, mesmo dentro do mesmo papel, uma ou mais variedades dele (...) é em virtude dessa pressão ativa que essas múltiplas unidades individuais exercem sobre o papel oficial manifesto que se produz amiúde um sentimento de ansiedade (...) A função do papel é penetrar no inconsciente, desde o mundo social para dar-lhe forma e ordem (...) Formas psicodramáticas, desempenho de papéis, a identificação de papéis, o duplo desempenho e o desempenho de espelho, a inversão de papéis contribuem para o crescimento mental do indivíduo." (p. 28)

Em Moreno, expressões como "verdade", "liberdade", "ser ele mesmo", "envolvimento" e "vida real própria" não são expressões meramente idealizadas ou românticas, mas são significativas e encontram ressonância da "natureza da vida" teorizada pelo autor.

A descrição dos instrumentos, das técnicas, da dinâmica grupal — sofisticada e densa — vivida no momento moderno dos sujeitos, têm, congruentemente, o mesmo "som", o mesmo "espírito" e direcionam ao rumo do "bom" que deve ser imprimido ao seu método psicoterápico.

No rumo contrário o autor diz:

"Mas se o comportamento natural (do sujeito ou do grupo) for persistentemente proibido, o esforço psicodramático corre perigo de se degenerar num jogo de palavras, um jogo de salão carente de sentimento e de reduzido valor terapêutico." (p. 34)

"Um mínimo de estrutura Tele e resultante coesão da interação entre os terapeutas e os pacientes é um pré-requisito indispensável para que tenha êxito o Psicodrama terapêutico em curso. Se os egos-auxiliares estão perturbados em virtude de (1) problemas próprios não resolvidos; (2) protesto contra o diretor psicodramático; (3) maus desempenhos dos papéis que lhes foram atribuídos; (4) *ausência de fé e relação negativa em relação ao método usado* (grifos meus); ou (5) conflitos interpessoais entre eles, geram uma atmosfera que se reflete na situação terapêutica. Portanto, é óbvio que se os fenômenos de transferência e contratransferência dominem o relacionamento entre os terapeutas auxiliares e, com os pacientes, o processo terapêutico seja grandemente prejudicado. O fator decisivo para o progresso terapêutico é a 'Tele'". (p. 44)

CONCLUSÃO

1) Embora possa concordar que os escritos de Moreno não componham obra organizada e que não sejam, tanto ao nível da compreensão como no da leitura, fáceis, a tentativa intencional de "ler" a ideologia contida no discurso do autor revela que:

a) O corpo das teorias é conseqüente e congruente com os instrumentos e técnicas do método psicoterápico que propõe;

b) Moreno não é mero acrescentador de elementos novos a um modelo anterior, mas cria e funda uma *escola*.

Possui uma *Teoria do Desenvolvimento* (sujeito moreniano); uma *Psicopatologia* (diferença saúde e doença) e propõe um *Método Psicoterápico* (Psicodrama).*

c) O amálgama que predispõe e interliga esses elementos de sua *escola* define um "estilo"; um "espírito" que estabelece uma "crença" moreniana das possibilidades da vida e da Psicoterapia.

d) Esta "crença" da escola moreniana permite uma apreciação de juízo de valor da prática do Psicodrama por outros terapeutas que não Moreno e, portanto, uma *apreciação ética*.

2) O foco da apreciação ética recai sobre o contexto psicoterápico, o que permite julgar o bom ou o mau uso do método.

Dito de outra forma, o uso ético ou antiético do método psicodramático de Psicoterapia.

a) O bom uso do método ocorrerá sempre que o terapeuta cooperar no processo usando os instrumentos e técnicas com vistas ao "aquecimento" para a ocorrência de "atos espontâneos" e, como meta no horizonte, a conquista da "catarse total" ou "catarse de integração".'

Dito de forma alegórica, todas as vezes que o terapeuta "for Moreno".

b) O mau uso do método ocorrerá sempre que o terapeuta utilizar os instrumentos e técnicas do Psicodrama como mera manipulação contentora da dinâmica grupal e as dramatizações servirem somente para a percepção das situações da vida real, objetivando soluções estratégicas de dentro da própria conserva cultural, o que produziria *experts* em sobrevivência social e nunca revolucionários espontâneos, autores do próprio *script* de vida.

* Aqui estamos seguindo o conceito de Escola segundo Renato Mezan, da Pontifícia Universidade Católica de São Paulo.

c) A aplicação dos instrumentos e técnicas do Psicodrama em outras áreas da ação humana — pedagogia, treinamento de papéis para o trabalho, seleção de candidatos para uma instituição etc. — está submetida a uma outra e diferente ética, que não se constitui no objetivo deste trabalho, mas essa diferença deve ser conhecida pelo profissional que se utiliza dessas "técnicas aplicadas" do Psicodrama.

Lisboa, maio de 1994

REFERÊNCIAS BIBLIOGRÁFICAS

ARBID, MICHAEL A. e KAHN, ROY M. "A Development Model of Information Processing in the Child". *Revista Rassegna Médica e Cultural* — 1971.
ASHBY, W. ROSS. "The Application of Cybernetics of Psychiatry". *Journal of Mental Science* — 1954.
ATKINS, S. e KATCHER, A. 1? Seminário Internacional de Estilos Comportamentais na Empresa. — São Paulo, LIFO, 1974.

BALLY, G. *El Juego como Expresion de Libertad*. Mexico, Fondo de Cultura Economica, 1973.
BAUDRILLARD, J. *El Sistema de los Objetos*. Mexico, Siglo Veintiuno Editores S.A., 1970.
BORGES, IEDO R. O Papel do Diretor e o Aprendizado na Terapia Psicodramática — I Congresso Latino-Americano de Psicodrama. Buenos Aires, 1975.
BUBER, M. Distance and Relation. *Psychiatry* — 20: 97-104 — 1957.

CIA, A. H. *Sociodrama Familiar* — Buenos Aires.
COOPER, D. *Psiquiatria y Antipsiquiatria*. Buenos Aires, Paidos, 1972.

DOHERTY, M. E.-SHEMBERG, K. M. *Cómo Investigar el Comportamiento Humano* — Buenos Aires, Ed. Kapelusz, 1973.

FAGAN, J. e SHEPHERD, I. L. *Gestalt-Terapia*. Rio de Janeiro, Zahar, 1973.
FISHER. *Estimulação Química do Cérebro — Psicobiologia*. São Paulo, Editora da Universidade de São Paulo, 1970.
FONSECA F?, J. S. Correlações entre a Teoria Psicodramática de J. L. Moreno e a Filosofia Dialógica de Martin Buber. Tese de Doutoramento — FMUSP, 1972.
FREUD, S. *Obras Completas*. Rio de Janeiro, Delta.

GEMELLI, A. *Psicologia da Idade Evolutiva*. Rio de Janeiro, Livro Ibero-Americano Ltda., 1963.

HARRIS, T. A. *As Relações do Bem-Estar Pessoal*. Rio de Janeiro, Artenova, 1973.
HERNÁNDEZ-PEÓN, RAUL. Una Teoria Neurofisiologica de los Procesos Psiquicos Conscientes y Inconscientes. Órgão de Difusão da APAL — 1965 (1966).
HERON. *A Patologia do Tédio — Psicobiologia*, São Paulo, Editora da Universidade de São Paulo, 1970.
HERS, C. S. *Diencephalon, Autonomic and Extrapyramidal Functions*. Nova York, Grune, 1954.
HORNEY, K. *Neurose e Desenvolvimento Humano*. Rio de Janeiro, Civilização Brasileira, 1959.

JAENSCH, E. R. *Eidética y Exploración Tipologica*. Buenos Aires, Paidos, 1957.

JONES, M. *Mas Allá de la Comunidad Terapeutica*. Buenos Aires, Ed. Genitor, 1970.

KNEPLER, A. E. Sociodrama in Public Affairs. V Congresso Internacional de Psicodrama e Sociodrama — São Paulo, 1970.
KOENIGSBERGER, V. Psicodrama e Análise Experimental do Comportamento. V Congresso Internacional de Psicodrama e Sociodrama — São Paulo, 1970.
KOHLER, W. (1921) Capítulo El Campo e su Tension. *In* (Bally), G. *El Juego como Expresion de Libertad*. Mexico, Fondo de Cultura Economica, 1964.

LAING, R. D. y ESTERSON, A. *Cordura, Locura y Familia* — Mexico, Fondo de Cultura Economica, 1969.
LATIL, P. *O Pensamento Artificial*, São Paulo, Ibrasa, 1959.
LEWIN, K. *Princípios de Psicologia Topológica*. São Paulo, Cultrix, 1973.
LORENZ, K. e LEYHAUSEN, P. *Biologia del Comportamiento*. Mexico, Siglo Veintiuno Editores S.A., 1971.

MATSUMURA, K. The Theoretical Study on the Structure of Personality. I Congresso Latino-Americano de Psicodrama. Buenos Aires, 1975.
MILLER, G. A. *Psicologia de la Comunicacion*. Buenos Aires, Paidos, 1969.
MORENO, J. L. *Fundaméntos de la Sociometria*. Buenos Aires, Paidos, 1962.
_____ *Las Bases de la Psicoterapia*. Buenos Aires, Ed. Hormé, 1975.
_____ *Psicodrama*. Buenos Aires, Ed. Hormé, 1961.
_____ *Psicomusica y Sociodrama*. Buenos Aires, Ed. Hormé, 1965.
_____ *Psicoterapia de Grupo e Psicodrama*. Mexico, Fondo de Cultura Economica, 1966.
MOROZOV, G. e ROMASENKO, V. *Neuropatologia y Psiquiatria*. Moscou, Editorial Paz.

PAPEZ, J. A proposed mechanism of emotion. *Arch. Neurol. Psychiat*. Chicago, 1937.
PAVLOV, I. P. *La psychopathologie et la Psychiatrie* — Edition en Langues Etrangeres, Moscou, 1961.

PUNDIK, J. *A Obra de Moreno*. Buenos Aires, Ed. Genitor, 1969.

QUINTANA, C. A. Compromiso Afectivo y Sicodrama. I Congresso Latino-Americano de Psicodrama — Buenos Aires, 1975.

REICH, W. *A Função do Orgasmo*. São Paulo, Brasiliense, 1975.

ROJAS-BERMÚDEZ, J. G. *Introdução ao Psicodrama*. São Paulo, Ed. Mestre Jou, 1970.

_____ El Nucleo del Yo — *Cuadernos de Psicoterapia*. Buenos Aires, Edições Genitor, 1970.

_____ El Objeto Intermediario — *Cuadernos de Psicoterapia*. Buenos Aires, Edições Genitor, 1967.

_____ *Titeres y Psicodrama*. Buenos Aires, Edições Genitor, 1970.

SCHADÉ, J. P. Circuitos Neuronais de Interconexão — *Revista Rassegna Médica e Cultural*. São Paulo, XI-1973-1.

_____ Eletrofisiologia — *Revista Rassegna Médica e Cultural*. São Paulo, XI-1972-6.

_____ Os Mediadores Químicos da Transmissão Nervosa — *Revista Rassegna Médica e Cultural*. São Paulo, XI-1973-1.

_____ Ultra-estrutura da Célula Nervosa — *Rio de Janeiro*. São Paulo, XI-1972-6.

SCHNEIDER, K. *Las Personalidade Psicopaticas*. Madri, Ediciones Morata S.A., 1971.

SCHÜTZENBERGER, A. A. *O Teatro da Vida — Psicodrama*. São Paulo, Duas Cidades, 1970.

SKINNER, B. F. *Ciência e Comportamento Humano*. São Paulo, Edart, 1974.

SOEIRO, A. C. Psicodrama e Percepção. V Congresso Internacional de Psicodrama e Sociodrama. São Paulo, 1970.

_____ Transformação de Grupos Interpretativos em Grupos de Psicodrama — *Cuadernos de Psicoterapia*. Buenos Aires, Edições Genitor, 1968.

_____ O Papel do Dormidor. II Encontro Argentino-Brasileiro de Psicodrama. São Paulo, 1973.

_____ *Psicologia sem Cérebro*. São Paulo, Natura, 1980.

_____ *O Instinto de Platéia*. Porto, Edições Afrontamento, 1990.

SPITZ, R. *La Première année de la Vie de l'enfant*. Paris, Presses Universitaires de France, 1958.

TAYLOR, F. K. *Un Análisis de la Psicoterapia Grupal*. Ediciones de la Escuela, 1963.

WATZLAWICK, P., BEAVIN, J. H., JACKSON, D. D. *Pragmática da Comunicação Humana*. São Paulo, Cultrix, 1973.

Impresso na
**press grafic
editora e gráfica ltda.**
Rua Barra do Tibagi, 444 - Bom Retiro
Cep 01128 - Telefone: 221-8317